Mobbing bei Kindern

urania

Dr. Jo-Jacqueline Eckardt

Mobbing bei Kindern

Erkennen, helfen, vorbeugen

Die Autorin: Dr. Jo-Jacqueline Eckardt ist Sozialarbeiterin mit US-Diplom (Master of Social Work); sie hat in den USA als Psychotherapeutin und Psychoanalytikerin gearbeitet. Sie lebt in Berlin und arbeitet als Eltern-, Mobbing- und Trauerberaterin. Von ihr erschienen auch Bücher zum Thema ADHS, Trauer und Trauma.

Bibliografische Information der Deutschen Bibliothek
Die Deutsche Bibliothek verzeichnet diese Publikation in der Deutschen Nationalbibliografie; detaillierte bibliografische Daten sind im Internet über http://dnb.ddb.de abrufbar.

in der Verlag Kreuz GmbH
Postfach 80 06 69, 70506 Stuttgart

www.urania-verlag.de

Umschlaggestaltung: Behrend & Buchholz, Hamburg
Titelfoto: © zefa/Grace
Redaktion: Jeanette Stark-Städele
Typografie: AS Typo & Grafik, Berlin
Druck: Westermann Druck, Zwickau
Printed in Germany

ISBN 978-3-7831-6180-9

Einleitung und Danksagung

Geht Ihr Kind ungern zur Schule? Hat es nur wenige Freunde und wird oft von anderen Kindern gehänselt oder geärgert? Oder ist es schon weinend nach Hause gekommen, weil andere Kinder es bestohlen, gequält, erpresst oder verletzt haben? Dann wird Ihr Kind vielleicht gemobbt!

Leider leiden mehr Kinder unter Gewalt, Ausgrenzung und Mobbing, als vielen Erwachsenen bewusst ist. Die Situation ist alarmierend. Denn wenn Kinder von anderen Kindern gedemütigt, verspottet, genötigt, geschlagen oder missbraucht werden, dann leiden diese Kinder in außergewöhnlichem Maße.

In diesem Buch will ich aufzeigen, worum es bei Mobbing unter Kindern geht und wie Eltern ihren Kindern helfen können, die Situation zu bewältigen und die Verletzungen zu überwinden. Eltern können einiges tun, um ihr Kind so weit zu stärken, dass es in Zukunft nicht mehr von anderen schikaniert wird. Einige Fallbeispiele machen mögliche Vorgehensweisen anschaulich. Darüber hinaus gebe ich viele Tipps, wie Eltern mit der Schule des Kindes zusammenarbeiten können, um dafür zu sorgen, dass die Atmosphäre dort keinen Nährboden mehr für Gewalt und Mobbing bietet.

Ich habe während der Arbeit an diesem Buch mit vielen Menschen gesprochen und sehr gute Hinweise und Ratschläge bekommen. Auch die Fallgeschichten gehen auf authentische Fälle zurück und wurden lediglich leicht verändert, um die Anonymität der Betroffenen zu sichern. Besonders danken möchte ich: Teresa Amigo (Schulpsychologin), Evelies Bröker-Messerschmidt (Rechtsanwältin, Berlin), Jutta Höch-Corona (Ausbilderin Mediation BM), der Berliner Polizei und ganz besonders Frau Bettina Schubert (Referentin für Gewaltprävention, Senatsverwaltung für Bildung, Jugend und Sport, Berlin).

Jo-Jacqueline Eckardt

Was ist Mobbing?

Das Phänomen ist nicht neu – schon immer wurden Kinder von anderen Kindern gequält. Neu ist nur das Wort dafür: »Mobbing«. Es kommt aus dem Englischen und bedeutet »sich gegen Einzelne zusammenrotten«. Den meisten Erwachsenen ist das Wort »Mobbing« mittlerweile aus der Arbeitswelt vertraut, wo ja auch recht munter gemobbt wird. Doch erst allmählich dringt die Tatsache, welch ein riesiges Problem Mobbing in der Kinderwelt darstellt, in die Öffentlichkeit.

Ein alarmierendes Problem

Mobbing kommt in allen Schultypen und in allen Schichten vor.

Mobbing ist ein häufiges, aber schlimmerweise ein oft heimliches Problem. Es beginnt schon damit, dass selbst viele Eltern, deren Kinder gemobbt werden, dies gar nicht mitbekommen: Nur 50 % aller Eltern erfahren es, wenn ihr Kind gemobbt wird. Und nur 33 % der Lehrer! Dabei ist Mobbing wirklich weit verbreitet, wie einige Untersuchungen beweisen. So wurde zum Beispiel in Norwegen festgestellt, dass zwischen 17,5 % und 6,4 % (je nach Klasse) aller Jungen gemobbt werden, in England sind es schon 25,5 %.
Eine Jugendgesundheitsstudie, die im Auftrag der Weltgesundheitsorganisation im Jahre 2002 durchgeführt wurde, kam zu dem Ergebnis, dass 30 % der Schüler in Berlin schon einmal gemobbt wurden. Noch erschreckender war die Aussage von 41 % der befragten Schüler und Schülerinnen, selbst schon einmal gemobbt zu haben.
Mobbing kommt in allen Schichten, Altersgruppen und Schultypen (Grundschule, Hauptschule, Realschule, Gymnasium) vor. In jedem Falle sind Jungen häufiger betroffen als Mädchen.
Übrigens: Im englischsprachigen Raum wird das Wort Mobbing heute gar nicht verwendet, dort spricht man von »Bullying«. Doch als das Wort Mobbing in Großbritannien Ende der 1960er-Jahre zum ersten Mal benutzt wurde, beschrieb es tatsächlich ein bestimmtes Verhalten unter Kindern auf dem Schulhof.

Mobbing hat viele Formen

Doch was genau ist denn nun Mobbing? Welcher Art sind die Schikanen, die Kinder Kindern antun? Ähnlich wie bei Mobbing in der Arbeitswelt geht es vor allem um Taten, die das soziale Ansehen des Opfers schwächen und es ausgrenzen sollen:

- Jemanden nicht beachten, nicht mitspielen lassen, ausgrenzen,
- jemanden beleidigen (»Du bist so dumm/hässlich/fett ...«, Schimpfwörter benutzen, fiese Spitznamen geben),
- non-verbale Beleidigungen (Augen rollen, Brechgeräusche machen, Gesten),
- »Redeverbot« auferlegen und anderen verbieten, mit der Person zu reden,
- anschreien,
- verspotten und imitieren (sich über das Aussehen, die Herkunft, die Sprechweise und Ähnliches lustig machen),
- bedrohen, Angst machen,
- bei der Arbeit behindern (Heft wegnehmen, Stifte zerbrechen),
- vor den Lehrern schlecht machen, verpetzen, auch Lügen erzählen,
- Gerüchte verbreiten (gern über die Intelligenz, das sexuelle Verhalten oder angebliche Geheimnisse anderer Kinder).

Ziel ist es, das soziale Ansehen des betroffenen Kindes zu schwächen und es auszugrenzen.

Da Kinder aber nicht so subtil wie Erwachsene, sondern sehr viel direkter sind, kommt es schnell auch zu handfesten Taten, vor allem bei Jungen. Mädchen können auch sehr gewalttätig sein, belassen es aber häufig bei den oben genannten Schikanen. Zu den Gewalttätigkeiten zählen:

- Treten, schlagen, schubsen, mit Sand bewerfen,
- im Klo einsperren, Stuhl wegziehen, Hose runterziehen und andere als »Scherze« getarnte Untaten,
- erpressen (Kinder müssen Sachen hergeben, Geld zahlen oder erniedrigende »Dienste« verrichten),
- Einsatz von Internet oder Handys: Es werden Webseiten mit verunglimpfendem Inhalt über einzelne Personen ins Netz gestellt oder SMS-Nachrichten übers Handy verbreitet (in letzter Zeit werden auch vermehrt Gewaltübergriffe mit dem Handy »gefilmt« und an andere Jugendliche versandt),

- bestehlen,
- sexuelle Gewalt,
- Zerstörung von Eigentum,
- bis hin zu Messerstechereien oder der Benutzung von anderen Waffen.

Wer wird Opfer von Mobbing?

Nicht äußere »Makel« geben Anlass zum Mobbing, sondern eine – wie auch immer geartete – soziale Unterlegenheit.

Das »typische« Mobbing-Opfer ist ein eher unscheinbares, stilles und ängstliches Kind, das nur wenige Freunde und auch keine hohe Meinung von sich selbst hat. Das heißt aber nicht, dass Ihr Kind, sollte es von Gewalt und Mobbing betroffen sein, in dieses Schema hineinpassen muss. Oft sind es auch die Schüler und Schülerinnen mit den guten Noten oder den wohlhabenden Eltern, die den Neid der anderen wecken. Auffällig ist auf jeden Fall, dass die Opfer physisch oder sozial schwach sind, das heißt, sie sind entweder körperlich unterlegen und somit eine leichte Zielscheibe oder sie sind so isoliert, dass die Angreifer keine Konsequenzen zu fürchten haben. Übrigens sind sekundäre Merkmale, wie Brille oder Aussehen, nicht die Gründe für das Mobbing. Die Mobber behaupten dies vielleicht, Tatsache ist jedoch, dass fast jedes Kind irgendeinen »Makel« hat. Der Grund für das Mobbing ist vielmehr das Ungleichgewicht von Stärke und Macht, das die Angreifer ausnutzen.
Daneben gibt es auch das Mobbing, das von Lehrern oder der Schule ausgeht. Dies ist der Fall, wenn einzelne Schüler regelmäßig von Lehrern gedemütigt, vor anderen lächerlich gemacht oder als dumm dargestellt werden. Manche Kinder bekommen, egal, wie sehr sie sich anstrengen, nie ein lobendes Wort zu hören oder gar eine gute Note. Allerdings handelt es sich nicht immer, wenn ein Kind sich ungerecht behandelt fühlt, bereits um Mobbing. (Ich will auch nicht vergessen zu erwähnen, dass nicht selten Lehrer von Kindern gemobbt werden!)

Bedingungen für Mobbing

Ganz allgemein kann gesagt werden, dass ein Kind gemobbt wird, wenn die folgenden Bedingungen gegeben sind:

- Das Kind wird von einem anderen Kind (oder Lehrer) oder von mehreren Kindern (oder Lehrern) systematisch angegriffen oder schikaniert.
- Diese Angriffe erstrecken sich über einen längeren Zeitraum.
- Die Angreifer demonstrieren reale oder angemaßte Macht dem Opfer gegenüber.
- Das angegriffene Kind fühlt sich schikaniert, angegriffen oder gedemütigt und leidet darunter.

»Normale« Konflikte oder Mobbing?

Aggressionen unter Kindern sind ein Stück weit »normal«. Für Mobbing typisch ist das anhaltende, gezielte Angreifen eines Kindes.

Man redet also nicht von Mobbing, wenn ein Kind nur ein einziges Mal angegriffen wurde. Es kommt schließlich unter Kindern immer wieder zu Streitigkeiten, die nicht immer friedlich beigelegt werden. In den seltensten Fällen sind beide Streitparteien gleich stark, ähnlich selbstsicher und vergleichbar in ihrer Fähigkeit, sich durchzusetzen. Daher enden viele Konflikte unter Kindern mit Tränen und Wut. Es ist ein bitterer Teil des Lebens, dass Kinder Erfahrungen mit dem Ungleichgewicht von Stärke machen müssen, denn irgendwann muss jeder Mensch einen Weg finden, sich in einer ungerechten Welt zurechtzufinden und zu behaupten.

Man kann auch nicht davon ausgehen, dass jedes Kind, das stärker als ein anderes ist, gleich ein Mobber ist. Kinder, besonders kleine, hauen schon mal, wenn sie wütend sind, oder reißen anderen Kindern das Spielzeug einfach weg. Eltern müssen dann nicht jedes Mal eine Moralpredigt anschließen, aber sie sollten doch erklären und vormachen, wie man seine Wünsche verwirklichen kann, ohne die Rechte anderer dabei zu beschneiden. Dieses Verhalten erwerben Kinder am besten durch das elterliche Vorbild in einer rücksichtsvollen, respektvollen familiären Umgebung – von klein an.

Nicht alles ist Mobbing

Es kann – und sollte – von jedem Kind verlangt werden, dass es sich respektvoll verhält und niemandem absichtlich mit Worten oder Taten weh tut; andererseits ist aber nicht jede Handlung, in der ein Kind geärgert, verletzt oder von einem Lehrer ungerecht behandelt wird, gleich als Mobbing zu bewerten. Hier gilt es, eine objektive Einschätzung des Vorfalls vorzunehmen und auch zu überlegen, ob sich das Kind selbst allzu schnell und ungerechtfertigt in der Rolle des Opfers sieht.

Wenn aggressives Verhalten allerdings die Regel ist, sollte man sich des Problems bewusst werden. Und auch, wenn Ihr Kind nur ein einziges Mal von einem anderen Kind bedrängt oder verletzt wurde, sollten Sie die Situation weiter beobachten: Jedes Mobbing beginnt mit einem Einzelfall! Wer einmal ausgegrenzt wurde und sich nicht zu wehren wusste, wird möglicherweise erneut zur Zielscheibe, vor allem, wenn er sich aus Angst schon selbst zurückzieht.

Und selbst, wenn Täter und Opfer ständig wechseln und mal der, mal diese dran ist, deutet sich bei wiederholten Übergriffen eine Atmosphäre an, in der Kinder sich nicht wohl fühlen und in der Mobbing entstehen kann. Dann darf nicht stillschweigend abgewartet werden, sondern es muss von Seiten der Erwachsenen nach Lösungen gesucht werden.

»Normaler« Konflikt	Mobbing
Beide Kinder haben ähnlich viel »Macht«.	Ein Kind hat deutlich mehr Macht (ist älter, stärker, beliebter usw.).
Der Konflikt war nicht geplant.	Eine Seite hat sich vorher überlegt, wie sie vorgehen will.
Die Beteiligten sind zufällig dabei.	Kinder werden gezielt ausgewählt.
Es geschieht unregelmäßig.	Es geschieht wiederholt und regelmäßig.
Die Folgen sind (außer bei Unfällen) nicht schlimm.	Es kann zu ernsten Verletzungen kommen.
Bei Verletzungen sind alle Beteiligten emotional betroffen.	Verletzungen werden von den Verursachern meist nicht bedauert.
Es geht um aktuelle Gefühle.	Es geht darum, sich selbst auf Kosten der anderen Person aufzuwerten.

Bei Mobbing besteht ein Ungleichgewicht an Macht und es wird systematisch vorgegangen.

Anzeichen für Mobbing

Wie können Sie – falls es nicht offensichtlich ist – herausfinden, ob ein Kind gemobbt wird? Die folgenden Anzeichen deuten auf Mobbing hin, besonders wenn sie plötzlich und vermehrt auftauchen:

- Das Kind klagt, dass niemand es mag, dass es gehänselt oder ausgelacht wird.
- Das Kind verliert angeblich immer wieder persönliche Dinge, seien es Kleidungsstücke, Schulsachen oder andere Gegenstände, oder es kommt mit kaputten Sachen nach Hause. Möglicherweise nimmt das Kind die Schuld dafür auf sich, aber die Erklärungen sind nicht überzeugend.
- Das Kind kommt mit Verletzungen, Schürfungen oder blauen Flecken nach Hause und gibt fadenscheinige oder nur unwillige Erklärungen dafür ab.
- Das Kind braucht mehr Geld, als das Taschengeld hergibt (bittet um oder stiehlt sogar Geld).
- Das Kind geht nicht mehr gern zur Schule (möchte begleitet werden) und bleibt nach der Schule am liebsten zu Hause.
- Er oder sie macht einen ungesunden Eindruck (schläft schlecht oder isst schlecht, klagt über Kopf- oder Bauchschmerzen usw.).
- Das Kind hat keine Freunde in der Schule, wird nicht eingeladen und lädt niemanden zu sich ein.
- Die Leistungen des Kindes sinken plötzlich ab.
- Das Kind erscheint mutlos, depressiv, schüchtern, ängstlich, unsicher.

Bei Veränderungen im Verhalten des Kindes sollte genau nach den Ursachen geforscht werden.

Es gibt natürlich auch andere Erklärungen, falls Ihr Kind eine der genannten Verhaltensweisen zeigt. Wenn aber eine oder mehrere der obigen Aussagen zutreffen, sollten Sie versuchen, in einem Gespräch herauszufinden, was der Grund für die offensichtlichen Probleme des Kindes ist. Sie können das Thema Mobbing direkt ansprechen oder erst einmal behutsam versuchen, sich ein Bild von der Situation des Kindes zu machen.

Hier einige Anregungen für Fragen, die geeignet sind, um mit dem Kind ins Gespräch zu kommen:

- Mit wem bist du/wärst du gern befreundet? Wen magst du nicht?
- Gibt es in deiner Klasse Gruppen, die sich zusammentun? Gibt es Außenseiter? Zu welcher Gruppe gehörst du?
- Wer ist Klassensprecher? Wer »bestimmt« in der Klasse? Wie findest du diese Personen?
- Kommt es manchmal zu Streitigkeiten und Beleidigungen? Sind immer die gleichen Kinder dabei? Was war die schlimmste Situation, an die du dich erinnerst? Erzähl mal!
- Was für Dinge werden in der Klasse über einzelne Kinder geredet? Wird getratscht und hinter dem Rücken getuschelt?
- Wie reden die anderen über dich, was glaubst du?
- Wer ist besonders gut in der Klasse? Sind die anderen neidisch darauf? Benutzen sie Worte wie »Streber«?
- Was machen die anderen Kinder, was machst du, wenn es Konflikte oder Streit gibt?
- Hat schon mal ein Schüler oder eine Schülerin eine Waffe in der Schule dabei gehabt?
- Wenn du Probleme in der Schule hättest, wem würdest du davon erzählen?
- Vertraust du deinen Lehrern? Kannst du auf ihn/sie zählen, wenn du Hilfe brauchst?
- Mit wem und wie verbringst du die Pausen? Gehst du nach der Schule allein oder mit anderen nach Hause?
- Hat dich schon mal jemand geschubst oder geschlagen?
- Hast du schon mal jemanden geschubst oder geschlagen?
- Wie »gerecht« sind deine Lehrer? Haben sie Lieblinge oder Schüler, die sie nicht so mögen?
- Was würdest du tun, wenn dir jemand droht?

Durch behutsame Fragen kommen Sie mit Ihrem Kind ins Gespräch.

Wenn Sie Glück haben, stellt sich heraus, dass Ihr Kind nicht gemobbt wird. Nutzen Sie trotzdem die Chance, mit Ihrem Kind über das Thema zu reden. Dies kann vor Angriffen in der Zukunft schützen.

Das Kind auffangen

Wenn Ihr Kind allerdings auf Ihre Fragen klare Hinweise darauf gibt, dass es gemobbt wird, sollten Sie sofort reagieren. Es ist Zeit für das erste Gespräch (siehe S. 28 f.) Aber gehen Sie behutsam vor, vermeiden Sie Vorwürfe (»Warum hast du dir das gefallen lassen?«), unüberlegte Verurteilungen und vorschnelle Ratschläge.

Auf jeden Fall sollten Sie Ihrem Kind am Anfang zu verstehen geben:

Das Kind muss sich ernst genommen fühlen und wissen, dass es in der Familie Rückhalt erfährt.

- Es tut mir Leid, dass du so etwas erleben musst!
- So etwas hätte nicht passieren dürfen!
- Ich möchte wissen, wie es dir geht, damit ich versuchen kann, dir zu helfen.
- Ich werde keine Mühen scheuen, dir beizustehen.
- Wir werden zusammen einen Weg aus dem Dilemma finden.

Schön wäre es auch, wenn Sie bereits einiges Wissen über Mobbing hätten, um Ihrem Kind zu vermitteln, dass es nicht allein ist. Was immer Ihrem Kind widerfahren ist, es gibt Tausende von Kindern, die Ähnliches erlitten haben.

Wie kommt es zu Mobbing?

Mobbing kann sehr klar und eindeutig sein: Hier die guten Kinder, die unschuldig Opfer werden, und auf der anderen Seite die »Täter«, die gemeine Dinge tun. So ist es manchmal, aber häufig ist es auch so, dass beide Seiten sowohl leiden als auch austeilen. Dies führt zur Frage: Wie kommt es überhaupt zu Mobbing in der Schule?
Es gibt verschiedene Gründe und begünstigende Umstände, die unter Kindern zu einer Eskalation der Gewalt beitragen kön-

nen. Mögliche Ausgangssituationen, die zu Mobbing führen können, sind:

Mobbing hat viel mehr mit der Persönlichkeit des Mobbers zu tun als mit dem Verhalten des Opfers.

- Die Erwachsenen setzen nicht genügend Grenzen. So sollte man schon bei Schimpfwörtern klar sagen: »Wir beschimpfen uns nicht und benutzen solche verletzenden Worte nicht!« Wenn es okay ist, einander üble Ausdrücke zu sagen, lernen die Kinder, dass man sich auf Kosten anderer durchsetzen kann.
- Kinder können ihre eigenen Gefühle und die von anderen nicht erkennen. Schon als Kleinkinder sollten Kinder lernen, ihre Gefühle zu benennen. Wenn Eltern selbst Gefühle zeigen, wenn sie ihren Kindern zugestehen, auch einmal ängstlich, wütend oder schlecht gelaunt zu sein, dann werden Kinder die eigenen Gefühle erleben und kennen lernen. Wenn Kinder aber nicht weinen dürfen, wenn sie willkürlich bestraft werden, dann unterdrücken sie Gefühle und lernen auch nicht, die Gefühle von anderen Menschen zu identifizieren, geschweige denn zu achten.
- Kinder haben zu Hause gelernt, dass Macht nötig ist, um sich durchzusetzen. Kinder, die nur gehorchen müssen und denen kein Respekt entgegengebracht wird, die womöglich beschimpft und geschlagen werden, werden entweder still und nach innen gekehrt, oder sie lernen, sich das verloren gegangene Selbstbewusstsein wiederzuholen, indem sie nun ihrerseits andere, Schwächere, unterdrücken.
- In der jeweiligen Institution (Kindergarten, Schule, Nachbarschaft usw.) herrscht großer Gruppenzwang, wobei Außenseiter oder schwächere Gruppen ausgegrenzt werden. Jede Gruppe, ob sie aus Erwachsenen oder aus Kindern besteht, erzeugt einen großen Druck auf die einzelnen Mitglieder, dazuzugehören. Wer dazugehört, fühlt sich stark und aufgehoben. Doch nicht jede Gruppe ist offen und tolerant gegenüber Außenseitern. Dies können Menschen sein, die anders

aussehen, anderer Herkunft sind, andere Interessen haben oder die einfach nicht dazugehören wollen. Die Gruppenführer entscheiden, wie sich die Gruppe diesen Menschen gegenüber verhält. Im Falle einer Schulklasse sind die Gruppenführer oft einzelne Kinder, die bestimmen.

- Die Atmosphäre der jeweiligen Institution ist von Gewalt geprägt. Wenn es auf dem Schulhof jeden Tag zu massiven Streitigkeiten kommt, dann »normalisiert« sich gewalttätiges Verhalten. Es fällt gar nicht mehr auf, wie gewalttätig der Alltag ist, und niemand überlegt, wie Gewalt einzelne Menschen verletzt.
- Die Betroffenen wissen nichts über Mobbing. Es fand weder im Elternhaus noch in der Schule eine Information zum Thema statt. »Unwissen« über Mobbing ist ein ernst zu nehmender Faktor, der auch deswegen so wichtig ist, weil er relativ leicht zu beheben ist. Es erfordert nur einige engagierte Erwachsene, um über Mobbing zu informieren. Und wo Kinder über Mobbing Bescheid wissen, sinkt das Risiko von Gewalt und Mobbing – das ist statistisch erwiesen.

In Anbetracht all dieser Faktoren wird verständlich, dass ein wirksames Vorgehen gegen Mobbing nicht nur Eltern, sondern auch Kindergärten, Schulen, die Medien und die Öffentlichkeit fordert. Deswegen ist es wichtig für Eltern, sich nicht nur um ihr Kind und den Einzelfall zu kümmern, sondern auch Unterstützung bei der Schule und anderen Institutionen zu holen.

Die Folgen von Mobbing

Mobbing ist nicht plötzlich »da« – ein Kind wird auch nicht urplötzlich zum Opfer massiver Schikanen. Es müssen vielmehr bestimmte Faktoren gegeben sein, unter denen sich das Mobbing allmählich steigert. Das betroffene Kind gerät immer stärker in die Isolation, fühlt sich selbst mitschuldig, reagiert hilflos oder verzweifelt und zeigt immer deutlichere Symptome.

Allein mit der Not

Stefan war bis zu seinem elften Lebensjahr ein stilles, freundliches Kind, das in der Schule Freunde hatte und auch gut mitkam. Dann zogen seine Eltern in eine andere Stadt und Stefan musste mitten im Schuljahr in eine neue Klasse. Mit der Aufgabe, sich als »Neuer« zu behaupten und neue Freundschaften zu schließen, war er überfordert. Er wartete darauf, dass sich die fremden Kinder bemühen würden, ihn kennen zu lernen, oder dass zumindest die Lehrer ihn unterstützen würden.
Leider geschah dies nicht. Stattdessen wurde er gleich vom ersten Tag an verspottet: »Brillenschlange, Fettsau, Mamakind« wurde ihm in der Pause an den Kopf geworfen. Stefan zog sich zurück und sprach mit niemandem. Seinen Eltern erzählte er nicht, wie es ihm in der Schule ging. »Ganz gut«, antwortete er auf Fragen, wie es in der Schule war.

Stille Kinder sind, vor allem in einer ihnen fremden Umgebung, ein leichtes Opfer.

Stefan schämte sich. Früher war seine Brille kein Thema gewesen, auch vom Gewicht her war Stefan nicht auffällig gewesen. Jetzt nahm er langsam zu. Die Beleidigungen taten ihm weh, aber vielleicht waren sie doch gerechtfertigt? Er gehörte eben nicht dazu. Mit der Zeit traten zu den Pöbeleien auch Handgreiflichkeiten. Einige der anderen Kinder schubsten ihn in der Pause, bewarfen ihn mit Sand, schütteten im Sportunterricht Wasser in seine Schuhe oder dachten sich andere »Späße« aus. Stefan hatte Angst davor, was als Nächstes passieren würde. Doch so wachsam er auch war, die anderen waren immer schneller und raffinierter. Er konnte nachts nicht einschlafen und hatte oft Albträume. Morgens wollte er nicht in die Schule, war auch wirklich oft so krank, dass er zu Hause bleiben musste. Seine Zensuren in der neuen Schule waren von Anfang an wesentlich schlechter als vor dem Umzug.
Schließlich wusste Stefan nicht mehr weiter. Er packte seinen Koffer, plünderte sein Sparschwein und kaufte eine Zugfahrkarte zurück in die alte Stadt. Abends kam er dort bei der

überraschten Oma an und erklärte, er wolle jetzt bei ihr wohnen und wieder in seine alte Schule gehen.

Die Opfer fühlen sich oft selber »schuldig«.

Kinder, die von ihren Klassenkameraden gemobbt werden, fühlen sich hilflos und ausgeliefert, zuweilen sogar so verzweifelt, dass sie gar nicht mehr leben wollen.
Wie eingangs berichtet, bleiben viele Kinder mit ihrer Not allein. Warum, möchte man fragen, bitten sie nicht einfach Eltern oder Lehrer um Hilfe? Das hat viele Gründe. Vielleicht haben die Mobber angedroht, dass es noch schlimmer kommt, wenn sie »verpetzt« werden. Oder die Betroffenen schämen sich, meinen, sie müssten mit dem Problem allein zurechtkommen, oder sie denken, sie seien irgendwie selbst schuld. Sie wollen nicht, dass alle wissen, welche Schimpfwörter sie sich anhören müssen. Es mag für Außenstehende schwer zu verstehen sein, warum sich »Opfer« schuldig fühlen, aber es geht selbst Erwachsenen so: Mobbing-, Vergewaltigungs- oder Betrugsopfer zweifeln an sich selbst und fühlen sich irgendwie »beschämt« – wie konnte ihnen so etwas nur passieren? Dann kommt noch hinzu: Wenn man mit einem Problem konfrontiert ist, das man nicht in den Griff bekommt, wenn man überwältigt, durcheinander und ratlos ist, wenn man also nicht weiß, was man tun soll – dann tut man oft erst einmal nichts.

Verschiedene Phasen des Mobbings

Jedes Mobbing beginnt mit einer Anfangsphase. Im frühen Stadium sind vielleicht noch nicht alle auf Seite 16 aufgeführten Mobbing-Bedingungen gegeben, und dennoch zeichnet sich ab, dass ein einzelnes Kind, manchmal auch mehrere Kinder, ausgegrenzt wird. Die Betroffenen reagieren meist trotz der Vielfältigkeit der möglichen Situationen nach einem ähnlichen Muster.

Erste Anzeichen bei den Betroffenen:

- Angst, Unbehagen (»Irgendetwas stimmt nicht, ich fühle mich nicht wohl …«)
- Verwunderung, Wut, Selbstzweifel (»Warum ich, was mache ich falsch?«)
- Hilflosigkeit, Verwirrtheit (»Wieso kriege ich das nicht in den Griff?«)
- Scham, Schuldbewusstsein (»Ich bin wirklich hässlich, dumm, anders …«)

Mobbing entwickelt sich schleichend, die Schikanen werden immer schlimmer und offensichtlicher.

Die meisten Kinder reagieren erst einmal gar nicht, stecken gleichsam den Kopf in den Sand und hoffen, dass sich das Problem von selbst löst. Leider tut es das meist nicht! Andere Kinder versuchen eine Art Gegenwehr.

Allgemein lassen sich die folgenden typischen Reaktionen unterscheiden:

- abwarten und auf Besserung hoffen,
- den Mobber zurückmobben, eine Gegenkampagne starten,
- sich anstrengen, dem Mobber zu gefallen und seine Forderungen zu erfüllen,
- sich abkapseln, sich als Opfer sehen, resignieren,
- die Situation leugnen (»Ist ja gar nicht so schlimm …«).

Diese Reaktionen sind jedoch allesamt nicht geeignet, das Problem in den Griff zu bekommen. So entwickeln sich anfängliche Pöbeleien schließlich zu regelmäßigen Schikanen: Jetzt sind die Bedingungen für Mobbing erfüllt.
Die anderen Kinder, die anfangs einfach nur zugeschaut haben, froh, nicht selbst Opfer zu werden, ziehen sich vom betroffenen Kind zurück. Es fühlt, dass es immer stärker isoliert ist und nicht auf Hilfe zählen kann. Im schlimmeren Fall schließen sich die anderen sogar den Mobbern an und machen mit bei den Schikanen. Es ist kein Ende in Sicht.

In der Hauptphase verschlimmern sich die Symptome bei den Betroffenen:

- Gefühl des Verlassenseins, der Isolierung,
- ständiges Grübeln,
- Nervosität, Konzentrationsstörungen,
- Schlafstörungen,
- ununterbrochene Angst (»Was passiert als Nächstes?«),
- Mutlosigkeit, Hoffnungslosigkeit, Verzweiflung,
- Abfall schulischer Leistungen,
- psychosomatische Erkrankungen (Kopfschmerzen, Magen-Darm-Irritationen, Hautausschläge usw.),
- Veränderung der Persönlichkeit (das Kind wird misstrauisch, aggressiv, depressiv, gehässig oder Ähnliches, sodass andere vielleicht sogar denken: Kein Wunder, dass niemand das Kind mag!),
- psychische Erkrankungen (Zwänge, Panikanfälle usw.),
- Selbstmordgedanken (ein hoher Prozentsatz aller Suizide von Kindern und Jugendlichen ist auf Mobbing zurückzuführen).

Das gemobbte Kind kapselt sich in der Regel zunächst ab, bald treten aber massive körperliche und seelische Symptome auf.

Im nächsten Kapitel wird beschrieben, was Eltern tun können, um ihrem Kind dabei zu helfen, wieder Mut zu fassen und die frühere Lebensfreude wiederzugewinnen.

Auch die Umwelt ist betroffen

Die Folgen von Mobbing bleiben nicht auf das Opfer beschränkt. Die ganze Klasse leidet, wenn einzelne Kinder gemobbt werden. Denn die Botschaft an jedes einzelne Kind lautet: »Das kann dir auch passieren! Pass dich der Gruppe an, tu, was alle tun! Bemüh dich selbst um Macht und Stärke, setz dich durch, auch auf Kosten anderer.« Eine Atmosphäre der Gewalt und der Angst macht sich breit, die auch den Unterricht beeinflussen wird.

Jedes einzelne Kind lebt dabei in einer gewissen Anspannung, steht es doch unter dem – oft unbewussten – Druck, sich »richtig« zu verhalten, um nicht auch zum Opfer zu werden. Und nicht wenige – scheinbar nicht betroffene – Kinder leiden auch darunter, dem Opfer nicht helfen zu können, aus Angst selbst ausgegrenzt zu werden. Das Dilemma, in dem diese Kinder stecken, kann für ihr eigenes Selbstwertgefühl Folgen haben. Und von einer noch höheren Perspektive aus beeinflusst jeder Mobbing-Fall die betroffene Institution (Nachbarschaft, Schule) und letztlich die Gesellschaft. Kinder werden Erwachsene, und sie werden das, was sie in der Kindheit gelernt haben, mit in die Erwachsenenwelt tragen.

Hilfe für das Kind

Wenn sich herausstellt, dass Ihr Kind gemobbt wird, gilt es, auf zwei Schienen parallel aktiv zu werden. Zum einen müssen Sie Ihrem Kind dabei helfen, die bereits beschriebenen Symptome zu überwinden, das heißt, Schamgefühle und Mutlosigkeit zu verarbeiten und wieder neues Selbstvertrauen zu gewinnen. Zum anderen müssen Sie alles tun, damit das Mobbing aufhört. Das können Sie natürlich nicht allein bewerkstelligen, sondern Sie brauchen dazu die Unterstützung der Lehrer, der Schule, der Eltern des Mobbers und anderer Beteiligter. In diesem Kapitel geht es zunächst darum, Ihrem Kind in dieser schwierigen Zeit die richtige Begleitung anzubieten.

Das erste Gespräch

Wenn Sie erfahren, dass Ihr Kind gemobbt wird, haben Sie mehr Glück als die vielen Eltern (und auch Lehrer), die davon gar nichts mitbekommen. Es ist übrigens statistisch erwiesen, dass Kinder, die keine Erfahrung mit Gewalt oder Mobbing haben, häufiger mit ihren Eltern über das Thema sprechen als Kinder, die als Opfer oder als Täter damit zu tun haben. Falls Sie also bisher über Mobbing nicht geredet haben, ist es Zeit, dies nachzuholen!

Wenn Ihr Kind über das Mobbing reden kann, haben Sie es leichter. Seien Sie bitte behutsam und vermeiden Sie Gespräche, die sich von Kindesseite aus wie Verhöre anfühlen. Natürlich wollen Sie möglichst viele Informationen sammeln, um dem Kind helfen zu können, aber wenn Sie vorschnell aktiv werden oder dem Kind das Gefühl geben, es müsse sich rechtfertigen oder erklären, wird es sich vielleicht verschließen.

Verständnis zeigen, Vertrauen aufbauen, das Kind stärken und ihm Schutz geben – das wird in einer offenen Gesprächsatmosphäre vermittelt.

Tipps für erste Gespräche:

- Nehmen Sie sich ausreichend Zeit und schaffen Sie eine angenehme Atmosphäre.
- Hören Sie einfach nur zu, ohne gleich Ratschläge (»Mach doch einfach …«) oder vorschnellen Trost (»Das wird schon wieder!«) zu geben. Setzen Sie sich das Ziel, herauszufinden, wie es dem Kind ergangen ist und welche Gefühle es im Moment hat. Auch Gestik und Mimik Ihres Kindes verraten einiges über innere Gefühle.
- Vermeiden Sie einen vorwurfsvollen Ton, wenn Sie herausfinden wollen, warum Ihr Kind nicht früher etwas gesagt oder warum es sich nicht gewehrt hat. Bedenken Sie, dass Ihr Kind überfordert war, vielleicht Angst hatte und sich nicht zu helfen wusste. Das ist ja gerade das Schlimme beim Mobbing.

- Drücken Sie Ihre Überzeugung aus, dass kein Kind es verdient, gemobbt zu werden. Egal, welche vermeintlichen »Makel« Ihr Kind in den Augen anderer Kinder hat, ob es anders ist oder aussieht, das Mobbing ist nicht gerechtfertigt und muss aufhören.
- Seien Sie offen für die »ganze« Wahrheit, das heißt, vermeiden Sie vorschnelle Schlüsse, zum Beispiel dass Ihr Kind irgendetwas zum Konflikt beigetragen haben muss, oder umgekehrt, dass es völlig unschuldig ist. Oft benutzen beide Seiten unfaire Verhaltensweisen, vielleicht ist Ihr Kind sogar am Mobbing von noch Schwächeren beteiligt. Wichtig ist nicht, was Ihr Kind getan hat, sondern ob es einsichtig ist und von nun an verantwortlich handeln will.
- Drücken Sie Verständnis für die Gefühle Ihres Kindes aus, auch wenn das Kind gefühlsmäßig anders reagiert, als Sie dies tun. Hinterfragen Sie die Gefühle nicht (»Wieso hast du vor so einem dummen Jungen Angst?«).
- Drücken Sie Ihre Bereitschaft aus, hinter Ihrem Kind zu stehen, es in der schwierigen Zeit zu begleiten und dafür zu sorgen, dass das Mobbing aufhört.

Ein traumatisches Erlebnis

Mobbing ist ein Trauma wie etwa ein Unfall, eine Vergewaltigung oder eine Naturkatastrophe. Auch wenn diese Dinge erst einmal ganz unterschiedlich aussehen, lösen sie doch im Menschen ähnliche traumatische Reaktionen aus. Man fühlt sich bei und nach einem Trauma bedroht und ängstlich. In solch einer Extremsituation reagiert auch der Körper und schüttet Hormone aus, die einen in die Lage versetzen sollen, schnell zu reagieren. Doch während der Körper gut durchblutet wird – ein Überbleibsel aus der Zeit, als es noch sinnvoll war, vor dem Säbelzahntiger davonzurennen –, wird das Blut aus

Mobbing ist ein Trauma und geht mit starken Stressreaktionen einher, die schwer wiegende seelische, aber auch körperliche Folgen haben können.

dem Gehirn abgezogen. Die Folge ist, dass man kaum noch richtig denken kann. Erst Minuten oder Stunden später fällt einem ein, was man hätte tun können. Daher fühlen sich viele Menschen nach einem Trauma nicht nur verschreckt und hilflos, sondern auch beschämt, als hätten sie irgendwie »versagt«. Dementsprechend sensibel sollte man im Umgang mit traumatisierten Menschen sein und erst einmal alles tun, um das Selbstwertgefühl des Kindes wieder zu stärken.

So können Sie auf ein gemobbtes Kind eingehen:

- zuhören, Interesse zeigen, Verständnis ausdrücken,
- auch von eigenen Gefühlen erzählen,
- Informationen zum Thema geben,
- dafür sorgen, dass das Kind sorglose Momente erlebt (Spiele, Spaß, Freizeit),
- für ausgewogene Mahlzeiten und genügend Schlaf sorgen,
- Symptome (Depression, Bauchschmerzen, Schlafstörungen) ernst nehmen und gegebenenfalls ärztliche oder therapeutische Hilfe hinzuziehen.

Wie bereits erwähnt, sollten Sie auf zwei Schienen parallel vorgehen. Zunächst einmal ist wichtig:

Das Mobbing muss aufhören!
Alle Tipps zur Begleitung des Kindes nützen wenig, wenn Ihr Kind währenddessen weiter gemobbt wird!

Unternehmen Sie erste Schritte, um das Mobbing zu stoppen. Dabei sollten Sie Ihr Kind von Anfang an einbinden, um dem Gefühl der Hilflosigkeit entgegenzuwirken.

Parallel dazu begleiten Sie Ihr Kind in der Bewältigung des Erlebten und helfen ihm, die Symptome, die nach einem Trauma auftreten können, zu regulieren.

Minderwertigkeitsgefühle, Scham

Das betroffene Kind fühlt sich aller Wahrscheinlichkeit nach schlecht, weil es als »Opfer« auserwählt wurde. Vielleicht hält es die Beleidigungen der Mobber für gerechtfertigt und glaubt, es hätte sich besser wehren müssen und sei nun für alle Zeiten als Opfer gebrandmarkt. Sie können all diese Selbstzweifel nicht mit wenigen Worten wegwischen, aber Sie sollten mit Nachdruck Ihre Meinung vertreten, dass Mobbing eine Ungeheuerlichkeit ist und Ihr Kind dies nicht verdient hat.

Das Kind ist in seinem Selbstwertgefühl tief verletzt. Es muss wissen, dass Mobbing nie gerechtfertigt und immer etwas Ungeheuerliches ist.

Was Kindern oft fehlt sind Informationen darüber, was Mobbing wirklich ist und was es anrichtet. Hier sind einige »Fakten«, die Ihrem Kind helfen können, die Situation objektiver zu bewerten:

- Du bist nicht allein! Täglich werden Tausende von Kindern gemobbt.
- Nicht nur kleine (ausländische, übergewichtige ...) Kinder werden gemobbt, sondern es passiert ganz unterschiedlichen Kindern.
- Du bist nicht schuld! Kinder mobben, weil sie neidisch sind, weil sie herrschen wollen, weil sie ihre eigene Gruppe zusammenhalten wollen, weil sie vielleicht selbst mal verprügelt wurden – es gibt viele Gründe, aber sie haben nichts mit dir zu tun. Wenn du nicht da wärst, wäre ein anderes Kind dran gekommen!
- Auch starke, selbstsichere Kinder können durch Mobbing »schwach« gemacht werden.
- Es ist normal, dass man sich unsicher und schlecht fühlt, wenn man gemobbt wird. Das geht allen Betroffenen so.

- Du hast es nicht verdient, gemobbt zu werden. Niemand hat das verdient.
- Mobbing ist etwas Schreckliches und es ist sehr schwer, sich dagegen zur Wehr zu setzen. Man schafft es fast nie allein.

Was noch hilft:

Leiten Sie Ihr Kind an, seine Gefühle auszudrücken – auch in Form von Bildern, Rollenspielen oder Geschichten.

- Viele (offene und unvoreingenommene!) Gespräche: Je öfter und freier Ihr Kind über das, was vorgefallen ist, reden kann, desto weniger wird es sich schämen.
- Erzählen Sie selbst von ähnlichen Erlebnissen. Es tut Kindern gut zu erfahren, dass auch ihre Eltern Momente der Schwäche, Unsicherheit und Einsamkeit hatten.
- Die Möglichkeit, anderen zu helfen: Ermutigen Sie Ihr Kind, die eigenen Erlebnisse zu nutzen, um anderen Kindern, die Ähnliches erleben, zu helfen. (Fragen Sie in der Schule oder beim schulpsychologischen Dienst Ihres Bezirks nach, ob es Selbsthilfegruppen gibt, in denen betroffene Kinder zusammenkommen und sich austauschen.) Im Anhang dieses Buchs finden Sie auch Internetseiten, die für Kinder geeignet sind.
- Die Möglichkeit, Gefühle kreativ auszudrücken. Dies kann in Form von Bildern, Geschichten oder Musik erfolgen.

Ganz besonders wichtig ist es für Ihr Kind, das angeknackste Selbstvertrauen wieder aufzubauen. Dafür eignen sich unter anderem:

- Erfolgserlebnisse bei Sport, Spiel, Hobby.
- Freundschaften und Beziehungen zu vertrauten Personen – eine tiefe Freundschaft hat schon manchem Kind über eine schwierige Schulzeit hinweggeholfen.
- Eine gute Haltung und feste Stimme: Wer sich eine gerade Haltung und sichere Stimme angewöhnt, wird automatisch selbstsicherer.

- Yoga und Kampfsportarten bewirken auch eine bessere Körperkontrolle und stärken so das Selbstbewusstsein.

Wenn Ihr Kind sehr niedergedrückt ist, lassen Sie ihm Zeit und drängen Sie es nicht. Erlauben Sie ihm, niedergeschlagen zu sein, hören Sie genau zu, wenn es redet, zeigen Sie Interesse und nehmen Sie seine Gefühle ernst. Was Ihr Kind vor allem braucht sind Ihre Zeit und Ihre Liebe.

Ängste

Angst macht besonders anfällig dafür, zum Mobbing-Opfer zu werden.

Es ist nur natürlich, dass Kinder, die schikaniert, bedroht oder sogar verletzt werden, Ängste entwickeln. Gleichzeitig prädestiniert Angst dazu, zum Opfer zu werden. Nach jedem Mobbing-Vorfall wird die Angst größer, was als Nächstes kommen wird. Vielleicht drohen die Mobber sogar und tragen so ihren Teil dazu bei, die Angst zu schüren.
So verständlich die Angst ist, ist sie doch überhaupt nicht geeignet, um das Problem in den Griff zu bekommen. Denn je ängstlicher ein Kind ist, umso größer ist die Gefahr, dass es Opfer von Übergriffen und Gewalt wird. Was also können Sie tun, um Ihrem Kind die Angst zu nehmen und sein Selbstvertrauen zu stärken?
Ein Faktor, der mehr als jeder andere dafür verantwortlich ist, dass traumatische Ereignisse im Opfer Ängste und lang andauernde Symptome auslösen, ist die Ohnmacht, die man fühlt, wenn man Dingen ausgeliefert ist, die man nicht kontrollieren kann. Je hilfloser man sich fühlt, umso größer die Gefahr, dass man unter Spätfolgen des Traumas zu leiden hat. Dies bedeutet aber auch, dass man den Symptomen entgegenwirken kann, indem man aktiv wird. Daher ist der erste Tipp, den ich Ihnen geben möchte, Ihr Kind zu motivieren und zu unterstützen, selbst etwas zu »tun«!

So kann Ihr Kind selbst aktiv werden:

- Ihr Kind hat Ihnen bereits vom Mobbing erzählt – das war der erste Schritt. Loben Sie es dafür, dass es den ersten und wichtigsten Schritt getan hat, um die Situation zu beenden, und bestärken Sie es, Ihnen auch weiterhin zu berichten, wie sich die Situation entwickelt.
- Es kann die eigenen Kräfte stärken und Sport machen. Je mehr Körperkontrolle es hat, desto weniger Angst wird es spüren.
- Es kann ein Mobbing-Tagebuch führen, das Geschehen kreativ (in Bildern) verarbeiten, eine Reportage darüber schreiben, was vorgefallen ist, einen Brief an den Mobber verfassen, den es aber nicht abschickt, ein Lied texten, Tipps für Mobbing-Opfer formulieren usw.
- Das Kind kann sich an Konfliktlotsen, den Vertrauenslehrer oder andere helfende Personen wenden.
- Ihr Kind sollte bei der Entscheidung, welche Lösung angestrebt wird, sowie bei der Umsetzung des Planes beteiligt werden (siehe S. 67 f.).

Das Kind darf sich nicht wie das Mäuschen vor der Schlange niederkauern, sondern es muss aktiv werden!

Falls Ihr Kind Angst hat, dass die Mobber ihre Schikanen noch verstärken, weil sie Ihr Kind unter Androhung von Gewalt vor Verrat und Petzen gewarnt haben, dann nehmen Sie diese Information ernst, lassen sich aber nicht einschüchtern. Wenn die betreffenden Mobber nicht gerade Verbindungen zu kriminellen, mafiösen und gewalttätigen Gangs oder Gruppierungen haben (wenn dies der Fall ist, sollte Ihr Kind ohnehin besser die Schule wechseln und die Polizei muß eingeschaltet werden), dann muss das Mobbing offen gelegt werden. Dabei ist ein erster Schritt, den Mobbern klarzumachen, dass das Mobbing sofort und unbedingt aufhören muss. Ängstlichkeit ist viel eher dazu angetan, weitere Gewalt zu provozieren als energisches Auftreten.

Mutig für sich selbst eintreten

Die Erfahrung, mutig für sich selbst einzutreten, kann für die Entwicklung Ihres Kindes ein einschneidendes Erlebnis sein. Überlegen Sie auch: Was wäre denn die Alternative? Sich still verhalten und sich das Mobbing gefallen lassen! Ihr Kind würde für die Zukunft lernen, dass es keine Möglichkeit hat, sich vor der Boshaftigkeit anderer Menschen in Schutz zu nehmen. Im Idealfall wollen Sie nicht nur dafür sorgen, dass das Mobbing aufhört, sondern auch erreichen, dass Ihr Kind das Gefühl hat, selbst seinen Teil dazu beigetragen zu haben, und innere Stärke gewonnen hat.

Energisches Auftreten gegenüber den Mobbern setzt der Gewalt viel eher ein Ende als ängstliches Zurückziehen.

Aktiv die Angst überwinden

Die aktive Beteiligung bei der Bewältigung des Dilemmas kann dem Kind helfen, das Gefühl der Hilflosigkeit und somit die Angst zu überwinden. Aber nicht immer gelingt es auf diese Weise, die Ängste in den Griff zu bekommen. Wenn Ihr Kind Schlafstörungen, Albträume oder Panikattacken hat, die nicht nachlassen, müssen diese Angststörungen behandelt werden. Zögern Sie nicht, therapeutische Hilfe in Anspruch zu nehmen.

Schlafstörungen

Schlafstörungen (das Kind kann nicht einschlafen oder durchschlafen) und Albträume sind ein Anzeichen dafür, dass die Unsicherheit im Kind zu groß ist, um während des Tages mit ihr fertig zu werden. Das Geschehen verfolgt das Kind bis in den Schlaf, wenn es doch eigentlich entspannen und neue Kräfte tanken sollte.

Was Sie bei Schlafstörungen tun können:

Ein Traumtagebuch hilft bei der Bewältigung von Albträumen.

- Einschlafrituale durchführen (leise Musik, eine Gute-Nacht-Geschichte, ein Nachtlicht einschalten).
- Vor dem Schlafengehen Entspannungsübungen oder autogenes Training durchführen: Denken Sie sich Geschichten aus, in denen das Kind auf angenehme Plätze geführt wird (etwa eine sonnige Wiese) und dort, Gliedmaß um Gliedmaß, mit Sonne durchflutet wird und Wärme spürt.
- Das Kind anregen, ein Traumbuch zu führen, das auf dem Nachttisch liegt und in das Ihr Kind die Träume aufschreiben kann, die es hat. Die Träume können tagsüber gelesen und besprochen werden. Zu jedem Traum überlegt sich Ihr Kind ein besseres Ende und schreibt die Lösung ebenfalls ins Buch. So gewöhnt es sich daran, die Albträume zu beherrschen, und irgendwann wird Ihr Kind es vielleicht bereits im Traum schaffen, das böse Ende abzuwehren.

Panikattacken

Ängste sind schon schlimm genug. Sie können Ihr Kind davon abhalten, Dinge zu tun, die es eigentlich mag oder die wichtig für den Tagesablauf sind. So haben viele Kinder Angst vor dem Schulweg oder sie gehen nicht mehr gern in die Pause. Ein beliebter, aber nicht sehr effizienter Ausweg, Problemen zu entgehen, ist der, krank zu Hause zu bleiben.
Noch schlimmer ist es allerdings, wenn Kinder Panikattacken entwickeln. Diese Attacken kommen völlig unvorbereitet und mit solcher Wucht, dass manche Betroffene Angst haben, zu sterben. Das Herz rast, Schweiß bricht aus und schnell entwickelt man »Angst vor der Angst«. Dann geht man vielleicht nicht mehr aus dem Haus aus Angst, wieder so einen Anfall zu bekommen.

Was Sie tun können, wenn Ihr Kind Ängste oder sogar Panikattacken hat:

- Verständnis ausdrücken – Herablassung oder Spott hilft den Kindern nicht, ihre Angst zu überwinden, sondern macht sie nur noch schlimmer.
- Zuversicht ausdrücken und die Anforderungen trotz allem Verständnis nicht zu sehr herunterschrauben. Das bedeutet, Sie kommen der Angst des Kindes nicht so weit entgegen, dass Sie ihm erlauben, aus Angst vor der Schule zu Hause zu bleiben (es sei denn, die Bedrohung ist akut und real). Wenn Ihr Kind schon nicht an sich selbst glaubt, sollten Sie an es glauben und ihm das auch zeigen. In den meisten Fällen ist es auch so: Ihr Kind wird die Angst überwinden!
- Erklären, dass Panikattacken sich sehr schlimm anfühlen, dass sie aber nur eine Reaktion sind, die der Körper entwickelt hat, um Gefahren zu begegnen. Der schnelle Puls soll zum Beispiel helfen, schnell wegrennen zu können. In Wirklichkeit ist es völlig unmöglich, an den Symptomen einer Panikattacke zu sterben. Der Körper hat auch hier vorgesorgt: Bevor das Herz »zerspringt«, würde man ohnmächtig werden.
- Mit Hilfe einer Verhaltenstherapie kann das Kind lernen, die Ängste zu überwinden. Verhaltenstherapeuten entwickeln, wenn sie in ersten Gesprächen erst einmal eine Vertrauensbasis geschaffen haben, einen Plan, wie sich das Kind schrittweise den Gegenständen, vor denen es Angst hat, nähern kann. Man beginnt mit ganz leichten Übungen, die das Kind schaffen kann. So erfährt es erste Erfolgserlebnisse. Dann werden die Übungen schwieriger, doch immer nur so wenig, dass das Kind sich langsam an die Angst einflößenden Situationen gewöhnt, bis es am Ende die Angst überwindet.

Bei Panikattacken kann die Unterstützung durch einen Verhaltenstherapeuten sinnvoll sein.

- Das Kind dazu ermutigen, Mutmacher (Stofftiere, Glückssteine, Zauberformeln und Ähnliches) zu benutzen und mit sich zu nehmen.

- Dem Kind beibringen, sich in Momenten der Panik selbst zu beruhigen (zum Beispiel indem es bewusst atmet und bei jedem Atemzug langsam bis 3 und bei jeder Ausatmung bis 5 zählt, indem es sich auf die unmittelbare Umgebung konzentriert und sich diese genau anschaut, indem es sich schwierige Rechenaufgaben stellt und Ähnliches).
- Kinder- und Jugendpsychiater können auch, therapeutische Maßnahmen unterstützend, Medikamente verschreiben, die Angst- und Stressreaktionen reduzieren.

Wenn Sie sich Sorgen machen, sollten Sie auf jeden Fall einen Arzt oder Therapeuten einschalten.

Regression

Der Rückfall in kleinkindhafte Verhaltensweisen drückt das Bedürfnis nach Schutz aus und darf nicht lächerlich gemacht werden.

Kinder fühlen sich nach einer traumatischen Erfahrung vermehrt schutzbedürftig. Und da die Chancen, beschützt zu werden, größer sind, je kleiner man ist, hat die Natur es so eingerichtet, dass man sich bei Stress »klein« macht. Das bedeutet, traumatisierte Kinder verhalten sich plötzlich so, als seien sie wieder ein oder mehr Jahre jünger. Der Fachausdruck dafür lautet »Regression«. Daumenlutschen, Bettnässen, Angst (vor der Dunkelheit/vor Trennung) sind mögliche Symptome.
Wie bei allen hier genannten Symptomen ist es auch bei Regression wichtig, dass die Eltern Verständnis haben und sich nicht etwa über das Kind lustig machen. Statt sich zu entrüsten (»Du bist doch kein Baby mehr!«), ist es sinnvoller, auf das Kind einzugehen: »Was ist denn los? Du musst ja ganz schöne Angst haben!« Wenn Sie Ihrem Kind mit Verständnis, Liebe und Vertrauen begegnen, wird Ihr Kind sich selbst nach einiger Zeit wieder fangen und dort weitermachen, wo es stehen geblieben war – oft geht es dann sogar gestärkt aus einer solchen Situation hervor.

Konzentrationsstörungen, abfallende Schulleistungen

Die schulischen Leistungen werden erst wieder besser, wenn das Mobbing aufgehört hat.

Angst, ständiges Grübeln, Sorgen: Kein Wunder, dass Kinder, die gemobbt werden, sich nicht mehr richtig konzentrieren können. Es gibt im Moment Wichtigeres, als im Unterricht mitzukommen. Hinzu kommt, dass viele Schüler gerade wegen ihrer schulischen Leistung gehänselt werden: Entweder sind sie langsamer als die anderen oder aber sie sind sehr viel besser und werden als »Streber« ausgegrenzt.

Haben Sie Verständnis dafür, dass Ihr Sohn oder Ihre Tochter sich im Moment nicht auf den Lehrstoff in der Schule konzentrieren kann. Es geht auch Erwachsenen so: Wer im Büro oder bei der Arbeit gemobbt wird, ist nur noch zu einem Bruchteil der normalen Leistung in der Lage. Und selbst wenn die Noten im Moment extrem wichtig sind, weil vielleicht die Versetzung gefährdet ist, so hat doch das Mobbing Priorität. Erst wenn das Mobbing aufhört, kann das Kind sich wieder richtig auf die Schule konzentrieren.

Hilfen für unkonzentrierte Schüler:

- Lassen Sie Ihr Kind bestimmte Entspannungstechniken, wie Yoga oder autogenes Training, erlernen.
- Trainieren Sie die Konzentrationsfähigkeit auf spielerische Weise – viele Spiele erfordern hohe Konzentration und Geduld (Gedächtnisspiele, Memory, Spiele, bei denen es auf eine schnelle Reaktion ankommt, Suchbilder usw.).
- Ermuntern Sie Ihr Kind, sich kreativ zu entspannen, zum Beispiel durch Mandala-Malen, Musizieren oder Eurythmie (Bewegungstanz) usw.
- Erkundigen Sie sich nach guten Förderkursen und Programmen, die das richtige Lernen beibringen.
- Fördern Sie das Selbstvertrauen Ihres Kindes.

- Loben und belohnen Sie die Anstrengung. Viele Kinder geben auf, weil sie sich große Mühe geben und es doch nicht »schaffen«. Wenn Eltern die Bereitschaft, sich anzustrengen, belohnen, haben Kinder wieder neue Motivation.
- Überlegen Sie, ob Ihr Kind mit anderen Kindern zusammen üben kann. Vielleicht kann es sogar einem jüngeren Geschwisterkind bei den Hausaufgaben helfen. Nichts baut so auf, wie eigenes Wissen weitergeben zu können.
- Reden Sie mit Ihrem Kind darüber, welche Schimpfwörter die anderen Schüler benutzen. Wird Ihr Kind »Streber« genannt? Dann üben Sie schlagfertige Antworten ein nach dem Motto: »Ich lerne eben gerne.« Wird Ihr Kind als »Dummkopf« beschimpft? Eine passende Antwort wäre: »Ich bin halt eher ein praktischer Typ.« Je weniger Ihr Kind sich »ärgern« lässt, je selbstsicherer es zu seinen Fähigkeiten steht, umso weniger Angriffsfläche bietet es für Spott und Kritik.

Hoffnungslosigkeit, Depression, Selbstmordgedanken

Im schlimmsten Fall sieht das Kind keinen Ausweg mehr, will nicht mehr leben …

Leider ziehen manche Kinder aus dem Mobbing eine schreckliche Lehre. Sie sehen Mobbing nicht als Phänomen, das viele Kinder betrifft und alle angeht, sondern sie beziehen es ganz auf sich, nehmen es persönlich und folgern, dass etwas mit ihnen nicht stimmt. Sie sagen oder denken dann Dinge wie: »Ich bin hässlich (dumm, anders als die anderen). Niemand mag mich. Ich werde nie Freunde haben. Meine Rolle im Leben ist die, von anderen ausgelacht und gequält zu werden. Das Leben ist nicht lebenswert. Ich wünschte, ich wäre tot.«
Das Kind, das so oder ähnlich denkt, hat keine Hoffnung darauf, dass sich an seiner Situation je etwas ändern wird. Ein Kind mit solch erdrückender Perspektive wird leicht in eine Depression fallen. Vielleicht war es auch schon vorher depressiv. Es ist manchmal schwer zu entscheiden, was zuerst da war:

die negative Erfahrung oder das negative Selbstbild. Beide Aspekte bedingen sich in aller Regel gegenseitig und bilden so den Teufelskreis, aus dem Kinder von allein nur schwer herauskommen.

Was Kindern helfen kann, aus einer Depression herauszukommen:

- Erfolgserlebnisse haben,
- Sport und Bewegung,
- eine gute Therapie,
- Verständnis und Geduld,
- Freundschaften, Dazugehörigkeitsgefühl.

Wichtig für die Überwindung der Depression ist außerdem die Anerkennung durch die Gemeinschaft (die Klasse), dass Mobbing nicht okay ist.
Eine Depression ist eine ernst zu nehmende Erkrankung. Anzeichen sind tiefe Hoffnungslosigkeit, Lust- und Motivationslosigkeit und eventuell Ess- und Schlafstörungen. Ein depressives Kind lacht kaum und entwickelt keine Langzeitpläne.
Manchmal erkennen Eltern die Depression ihres Kindes nicht, sondern halten das Kind für widerspenstig, gelangweilt oder glauben, es sei gerade nur in einer »Anti«-Haltung. Versuchen Sie, in Gesprächen mit Ihren Kindern herauszubekommen, wie es ihnen geht. Halten sie das Leben für lebenswert? Wie sehen sie ihre Zukunft? Können sie sich überhaupt eine Zukunft vorstellen?
Haben Sie keine Angst davor, Ihrem Kind den Gedanken an Selbstmord erst »einzureden«. Kein Kind bringt sich um, weil Eltern das Thema darauf brachten – aber vielleicht unternimmt es einen Suizidversuch, weil die Eltern seine Notsignale nicht kommentiert haben!

Es ist schrecklich für Eltern, wenn ihr Kind Depressionen hat. Wir wollen natürlich, dass unsere Kinder glücklich sind. Doch Vorsicht: Viele Eltern finden das Leid der Kinder so unerträglich, dass sie den Kindern das Gefühl geben, etwas falsch zu machen. Eltern geben schnell Ratschläge: »Geh doch einfach mal wieder raus. Lad deine Freundin ein. Lach doch mal.« Durch vorschnellen Rat oder auch durch Trost vermitteln wir unseren Kindern, dass sie sich anstrengen sollen, anders zu fühlen, dass wir ihre negativen Gedanken, ihre Zweifel nicht ertragen können. Das gibt ihnen das Gefühl: So wie sie sind, sind sie nicht okay.

Es ist aber nicht immer leicht, die Gefühle zu verändern und wieder glücklich zu werden. Das ist bei Kindern nicht anders als bei Erwachsenen. Die Kinder sitzen in einem schwarzen Loch und finden nicht heraus. Da hilft es nicht, wenn jemand von oben ruft: »Klettre doch endlich raus aus dem Loch!« Es muss jemand runter kommen und sich zu einem setzen, den Schmerz teilen.

Wenn Kinder Depressionen haben, brauchen sie Eltern, die zu ihnen »herunter« kommen, sie in ihrem tiefen Loch »abholen«.

Seien Sie einfach da, setzen Sie sich neben Ihr Kind und sagen Sie ihm: »Mensch, dir geht es echt dreckig! Im Moment sieht alles hoffnungslos aus, nicht wahr?« Und dann sagen Sie gar nichts mehr, legen vielleicht Ihren Arm um das Kind und warten ab, ob das Kind sich fallen lassen kann.

Erklären Sie Ihren Kindern auch, dass fast alle Menschen einmal in ihrem Leben eine Depression erleben. Vielleicht können Sie auch von eigenen Erfahrungen berichten. Wenn man in einer depressiven Phase steckt, kann man sich nicht vorstellen, dass es einmal wieder aufwärts gehen wird. Gerade Kinder, die noch nicht viel Lebenserfahrung haben, verzweifeln sehr leicht und geben schnell alle Hoffnung auf. Die Wahrheit ist aber, dass eine Depression auch wieder aufhört. Auch Therapeuten, Ärzte, Psychologen können dabei helfen, wieder Freude zu entwickeln. Nehmen Sie gegebenenfalls solche Hilfe in Anspruch und vereinbaren Sie einen Termin.

Zwänge

Eine weitere typische Reaktion auf Mobbing ist zwanghaftes Verhalten. Schon das ständige Grübeln und Nachdenken über das Mobbing kann zwanghaften Charakter annehmen. Schlimmer wird es, wenn das Kind auch noch Handlungen durchführt, die anfangs vielleicht beruhigend wirkten, bald aber als hinderlich empfunden werden und dennoch nicht mehr unterlassen werden können. Solche »Zwangshandlungen« können häufiges Aufs-Klo-Gehen, Abzählen von Gegenständen oder das Verrichten von Handlungen in einer stets wiederkehrenden Reihenfolge sein. Auch das Sammeln und Horten von Gegenständen gehört dazu.

Handlungen, die anfangs sinnvoll sein können, weil sie Sicherheit bieten, können sich verselbstständigen und zu einer Zwangshandlung werden.

Es gilt sie allerdings zu unterscheiden von sinnvollen Reaktionen, die tatsächlich Erleichterung bringen. Dazu gehört vielleicht das Mitnehmen eines Kuscheltieres oder Glücksbringers in die Schule. Nicht mehr adaptiv, also sinnlos und schädlich, wird ein Zwang jedoch dann, wenn das Kind unter dem Zwang leidet und selbst nicht versteht, warum es damit nicht aufhören kann.

Sprechen Sie mit Ihrem Kind darüber. Bringen Sie das Thema auf die zwanghaften Handlungen, aber bitte ohne Vorwurf, Verachtung oder Spott. Sagen Sie: »Mir ist aufgefallen, dass du häufig nachguckst, ob die Wohnungstür zu ist. Auch wenn du weißt, dass sie zu ist. Wenn du willst, kann ich versuchen, dir dabei zu helfen, deine Kontrolle darüber, was du tust, zurückzugewinnen.« Wichtig ist auch, dass Sie Ihrem Kind vermitteln, dass Zwänge anfangs durchaus Sinn machen. Im genannten Falle möchte das Kind sichergehen, dass niemand ins Haus gelangen kann. Doch wenn ein solcher Sicherheitstest keine Beruhigung bringt, sondern zu vermehrter Unruhe führt, ist er eben nicht mehr sinnvoll. Tatsächlich funktionieren Zwänge so, dass man, je mehr man ihnen nachgibt, umso fester in ihren Griff gerät.

Die Lösung ist daher, dem Zwang zu widerstehen. Das ist aber leichter gesagt als getan. Wenn Ihr Kind jedoch versteht, dass es darum geht, die Häufigkeit der Zwangshandlung langsam zu reduzieren, um sich so befreien zu können, wird es vielleicht mitmachen.
Machen Sie zusammen einen Plan, wie oft Ihr Kind die Zwangshandlung ausführen soll. Wenn es bisher alle zehn Minuten zur Tür ging, stellen Sie den Wecker auf jeweils 15 Minuten. Am nächsten Tag auf 20 und so immer weiter. Wenn das Kind die gesteigerte Nervosität aushält, die eintritt, wenn man dem Zwang widersteht, wird es merken, dass sich die Unruhe nach einiger Zeit von selbst wieder legt.
Helfen Sie Ihrem Kind, den Zwang zu besiegen, indem Sie währenddessen etwas Schönes mit ihm unternehmen. Sie können gemeinsam lesen, sich etwas erzählen oder spielen. Auch Entspannungsübungen können hilfreich sein. Und sparen Sie nicht mit Lob, wenn Ihr Kind den Versuch unternimmt, den Zwang loszuwerden. Lassen Sie sich nicht von Rückschlägen entmutigen und hüten Sie sich vor herabsetzenden Gesten oder Worten, die das Kind beschämen und sehr schnell entmutigen.
Wie bei allen hier beschriebenen Symptomen gilt auch bei Zwängen: Wenn Sie das Problem nicht in den Griff bekommen oder sich ernsthafte Sorgen machen, ziehen Sie ärztliche Experten hinzu.

Physische Symptome

Körperliche Beschwerden können durchaus auf Mobbing zurückgehen.

Möglicherweise entwickelt Ihr Kind während oder nach dem Mobbing auch physische Symptome. Mobbing ist Stress, und Stress wirkt sich aufs Nervensystem, auf die neurochemischen Vorgänge im Gehirn und auf die körperliche Befindlichkeit aus. Es ist erwiesen, dass Menschen, die großem Stress ausgesetzt sind, häufiger krank werden und schlechtere Immunität besitzen. Typische Stress-Symptome sind unter anderem Kopf- und Bauchschmerzen, Verdauungs- und Kreislaufstörungen, Ausschläge, Ticks, wie Augenlidzucken, und Ähnliches mehr. Natürlich sollten Sie physische Symptome zunächst einmal medizinisch untersuchen lassen. Erzählen Sie der behandelnden Ärztin oder dem Arzt von dem Mobbing, damit dieser Aspekt entsprechend berücksichtigt werden kann. Je nachdem sind auch Medikamente einzusetzen, allerdings sollten Sie es nicht einfach bei der Vergabe von Schmerztabletten belassen. Wenn Ihr Kind Kopfschmerzen oder andere Symptome hat, überlegen Sie, was noch helfen könnte:

- Entspannung,
- Sport,
- ausgewogene Ernährung,
- genügend Schlaf.

Erklären Sie dem Kind die Zusammenhänge zwischen Stress und körperlicher Reaktion. Vergessen Sie nicht, darauf hinzuweisen, dass die gegenseitige Einflussnahme auch umgekehrt funktioniert: Durch Sport und Bewegung wird man nicht nur gesünder, sondern ist auch weniger anfällig für Stress.

Wut

Wut ist sicherlich eine angemessene Reaktion und kein »Symptom«, wenn man gemobbt wird. Problematisch wird Wut erst, wenn man sich oder andere aus Wut verletzt. Wenn Ihr Kind wütend ist, freuen Sie sich erst einmal, denn wütende Kinder haben noch nicht resigniert, geben sich nicht selbst die Schuld und sind bereit, aktiv zu werden, um sich selbst zu helfen. Lassen Sie Ihr Kind reden und schimpfen. Stimmen Sie zu: »Das ist wirklich eine Riesensauerei, was die Mobber da machen!«

Wut ist okay, doch Rache erzeugt nur neue Gewalt – das muss das Kind wissen.

Selbst Rachegedanken sind in Ordnung, solange sie im Bereich der Fantasie bleiben: »Ja, man sollte das mal mit dem machen, dann würde er schon sehen, wie sich das anfühlt!« Erklären Sie jedoch Ihrem Kind, dass Rache keine Lösung ist. Benutzen Sie vielleicht das Bild eines Wirbelwindes, der sich im Kreise dreht. Je mehr Luft hineingeblasen wird, umso schneller und heftiger dreht er sich. So ist es mit Gewalt und Mobbing: Rache erzeugt neue Gewalt und weitere Aggressionen. Das Mobbing wird noch schlimmer! Besser ist es, aus dem Kreis herauszuspringen. Sicherlich haben Sie schon von den vielen Schießereien an Schulen in den USA gehört, die ja leider mittlerweile auch in Deutschland Nachahmer gefunden haben. Untersuchungen in den USA haben gezeigt, dass zwei Drittel der Schüler, die »ausrasten« und um sich schießen, zuvor gehänselt und gemobbt wurden und sich dafür rächen wollten. Doch auch wenn, wie in den allermeisten Fällen, eine solche »Explosion« der Wut ausbleibt, dann ist es doch für die Psyche der Betroffenen nicht gesund, über lange Zeit Wut und Rachewünsche in sich hineinzufressen. Besser ist es, darüber zu reden. Scheuen Sie sich daher nicht, das Gespräch auf das Thema Rache zu bringen und es von allen Seiten auszuleuchten. Wenn Ihr Kind allerdings dazu neigt, aus Wut zurückzuschlagen oder aggressiv zu werden, lesen Sie das folgende Kapitel.

Wenn Ihr Kind mobbt

Aggressivität ist ein normaler und gesunder Bestandteil des menschlichen Gefühlrepertoires. Schon kleinste Kinder schlagen um sich, wenn sie wütend sind. Das bedeutet nicht, dass sie böse oder schlecht sind, sie tun, was die Natur ihnen mitgegeben hat. Allerdings lernen wir alle schon bald, unsere natürliche Aggressivität unter Kontrolle zu bringen. Denn wenn wir bei jedem Ärger gleich um uns hauen, finden wir uns schnell im Abseits wieder. Daher bringen wir schon kleinen Kindern bei: »Wir hauen uns nicht!« Doch nicht immer zeigt das Erfolg.

Aggression: Erziehung und Temperament

Wie aggressiv ein Mensch ist, ist nicht nur Erziehungssache, sondern hat auch etwas mit dem Temperament zu tun. Schon Babys haben eine eigene Persönlichkeit, manche sind schneller aus der Ruhe zu bringen und werden schneller wütend als andere. Nicht alle Eltern sind mit der Persönlichkeit ihrer Kinder zufrieden. Stattdessen wünschen sie sich ihre Kinder irgendwie anders: stiller, aufmerksamer, ausgeglichener – oder auch lebhafter, enthusiastischer, eben so, wie sie selbst sind (oder gerade nicht, wie sie selbst sind). Tatsache ist aber, dass jede Persönlichkeit gut und richtig ist. Jedes Temperament hat Vorteile. Kinder, die impulsiv sind und schnell wütend werden, können einen großen Gerechtigkeitssinn entwickeln oder sich gern an anderen messen. Es gibt auch eine Menge wichtiger Berufe, die eine gewisse Impulsivität und Leidenschaft voraussetzen.

Aggressionen gehören zum Leben – man kann und soll sie Kindern nicht »aberziehen«. Aber man muss Kindern beibringen, sie zu kanalisieren.

Man sollte sich daher nicht zum Ziel setzen, Kindern die Aggressivität auszutreiben. Man sollte aber Kindern dabei helfen, ihre aggressiven Impulse zu erkennen und zu beherrschen. Falls Ihr Kind die Tendenz hat, aus Wut Dinge zu zerstören oder andere Menschen herabzusetzen oder zu verletzen, sollten Sie herausfinden, warum Ihr Kind Konflikte durch Gewalt lösen will.

Kein Mitgefühl für Schwächere

Lesen Sie sich doch einmal die Aussagen auf Seite 49 durch. Bestimmt erkennen Sie, dass all diese Sätze von mobbenden Kindern als Rechtfertigung für ihr Vorgehen vorgebracht werden können. Machen Sie sich zunächst selbst Gedanken darüber, was an diesen Aussagen so schlimm ist: Ihnen fehlt das Mitgefühl für Schwächere, die Schuld wird ausschließlich den Opfern zugeschoben. Dann lesen Sie Ihrem Kind die Aussagen vor und fragen es, welchen Sätzen es zustimmen würde.

- Wenn mich einer beleidigt, darf ich ihn auch beleidigen.
- Streber sind doof und man muss ihnen nicht helfen, wenn sie ein Problem haben.
- Wer keine Freunde hat, ist selber schuld.
- Wenn ich richtig wütend bin, dann ist es mir egal, ob ich andere verletze.
- Manche Kinder können sich nie entscheiden, dann finde ich es auch richtig, wenn die anderen entscheiden.
- Man kann doch nicht zu jedem Menschen nett sein.
- Ich helfe nur Leuten, die ich mag.
- Wenn mich jemand anschreit, schreie ich zurück.
- Wenn ein anderes Kind gequält wird, halte ich mich raus, sonst geht es mir noch selbst an den Kragen.
- Es ist mir egal, wie die anderen in der Schule zurechtkommen, Hauptsache, meine Noten stimmen.
- Kinder, die gute Noten haben, sind Streber.
- Kinder, die im Unterricht nicht mitkommen, sind dumm.
- Es gibt Kinder, die sind einfach anders. Es wäre viel besser, sie würden auf eine besondere Schule gehen.

Finden Sie heraus, welche soziale Einstellung Ihr Kind hat.

Was kann man solchen Gedanken entgegensetzen? Falls es zu einer Diskussion mit Ihrem Kind kommt, hören Sie sich dessen Meinung ruhig an. Es ist nämlich nicht sinnvoll, in einem respektlosen Ton Respekt zu verlangen. Vertreten Sie jedoch klar Ihre Position. Folgende Punkte können Ihnen helfen, Rechtfertigungsstrategien Ihres Kindes aufzufangen:

- Jeder Mensch ist verantwortlich für sein Tun. Wer etwas Böses tut, ist allein dafür verantwortlich, auch wenn andere das Gleiche tun oder getan haben.
- Niemand verdient, gemobbt zu werden. Alle Menschen verdienen Respekt.
- Es ist unfair, das Opfer zu beschuldigen.
- Jeder Mensch hat das Recht, »nein« zu sagen. Auch wenn man selbst glaubt, man mache nur Spaß, muss man doch

Benennen Sie klar die Grundsätze des respektvollen Umgangs mit anderen Menschen.

respektieren, wenn die anderen »Stopp« sagen. Wenn die anderen sagen: »Das tut weh«, dann muss das gelten – und zwar sofort!
- Die Frage, wer angefangen hat, spielt deshalb keine Rolle, weil jede Tat für sich steht. Ein Unrecht bleibt Unrecht, auch wenn die andere Seite zuvor ähnlich gehandelt hat.
- Erlittenes Unrecht ist kein Grund, selbst gegen die menschlichen Grundregeln zu verstoßen. Rache führt zu neuer Gewalt.

Damit Sie aber nicht im Streit mit Ihrem Kind enden, bedenken Sie bitte auch, dass es nichts nützt, sich gegenseitig zu bezichtigen. Statt zu widersprechen, ist es viel sinnvoller, einfach zu konstatieren, dass man anderer Meinung ist: »Das sehe ich anders.« Wichtig ist auch zu überlegen, warum ein Kind aggressiv ist. Ist es nur die Persönlichkeit? Oder spielen noch andere Faktoren mit? Im Folgenden möchte ich einige mögliche Szenarien beschreiben, warum Kinder andere Kinder schikanieren, und Ihnen Anregungen geben, was Sie im jeweiligen Fall tun können.

Fehlende Vorbilder

Die Atmosphäre zu Hause, der Umgang in der Familie prägen das Verhalten des Kindes.

Wenn Sie zu Hause leicht aus der Fassung zu bringen sind und im Konfliktfall schreien oder schlagen, hat Ihr Kind ein doppeltes Handicap: Zum einen lernt es von Ihnen, dass Konflikte durch Gewalt zu lösen sind. Zum anderen hat es, zumindest im jungen Alter, zu oft den Kürzeren gezogen und sich ohnmächtig gefühlt. Kein schönes Gefühl! Um diese Ohnmacht möglichst nicht mehr zu spüren, spielt es jetzt seine Macht anderen gegenüber aus.
Wenn Sie den guten Willen haben, an dieser Situation etwas zu verändern, müssen Sie als ersten Schritt Verantwortung über-

nehmen. Es liegt an Ihnen, die Atmosphäre zu Hause zu verändern. Bestimmt gibt es eine Menge Gründe, die es Ihnen in der Vergangenheit schwer gemacht haben. Und Sie haben vermutlich trotz widriger Umstände Ihr Bestes gegeben. Dennoch: Wenn Sie wirklich etwas ändern wollen, müssen Sie all die Probleme und Bitterkeiten beiseite lassen und bereit sein, sich selbst zu ändern.
Welche Schritte Sie genau unternehmen können, sollten Sie am besten mit professionellen Erziehungshelfern besprechen. Es gibt ein breites Angebot an Hilfen, an die Sie durch die Schule, das Jugendamt, die Kirche, das Rathaus oder auch die telefonische Auskunft gelangen können. Scheuen Sie sich nicht, solche Hilfe in Anspruch zu nehmen. (Im Anhang finden Sie auch einige hilfreiche Webseiten zu Erziehungsfragen.)

Sie können Ihr Kind nicht ändern, Sie können aber die Umwelt Ihres Kindes verändern.

Mit der nötigen Unterstützung von außen können Sie einige der folgenden Punkte angehen:

- Gehen Sie mit gutem Beispiel voran und übernehmen Sie Verantwortung für Fehler und Gewalt, die Sie begangen haben. Entschuldigen Sie sich – auch wenn es Ihnen vielleicht schwer fällt. (Vergessen Sie nicht: Sie sind Vorbild und Ihr Kind lernt von Ihnen.)
- Sagen Sie Ihrem Kind, dass es nicht verdient hat, geschlagen, angeschrieen, gedemütigt oder verletzt zu werden – egal von welchen Personen.
- Sprechen Sie oft und ehrlich über Ihre Gefühle.
- Suchen Sie neue Wege, um Konflikte zu lösen.
- Bemühen Sie sich darum, neue Bewältigungsmechanismen zu lernen und anzuwenden.
- Machen Sie ein Elterntraining, um zu lernen, wie man ohne Strafen, aber mit Konsequenz und Regeln, Kinder zu Kooperation und Selbstsicherheit erzieht.
- Arbeiten Sie Ihre eigene Vergangenheit auf (in einer Therapie, in Gesprächen, durch Lesen …).

Mangelnde Empathie

Wer schnell auf andere wütend wird, fühlt sich meist im Recht und versäumt, sich in die andere Person hineinzuversetzen. Empathie ist die Fähigkeit, mit anderen mitzufühlen und einmal die Blickrichtung zu ändern. Wenn Ihr Kind die Welt immer nur aus der eigenen Perspektive sieht, bemühen Sie sich, ihm Empathie beizubringen.

Wecken Sie in Ihrem Kind Verständnis und Mitgefühl für andere Menschen, leiten Sie es an, sich in die Lage anderer hineinzuversetzen.

Zum einen können Sie Empathie beispielhaft vormachen. Denn, um ehrlich zu sein, haben die wenigsten Kinder Gelegenheit, empathische Erwachsene im Alltag zu beobachten. Wir gehen alle zu oft davon aus, dass wir Recht haben und alle anderen im Unrecht sind. Wenn ein Auto vor uns langsam fährt und den Weg versperrt, hauen wir auf die Hupe und verfluchen den »Idioten«. Fahren wir selbst aber langsam, auf der Suche nach einer bestimmten Adresse, verfluchen wir diejenigen, die hinter uns ungeduldig hupen.

Bemühen Sie sich in Zukunft darum, vorschnelle Urteile über andere Menschen zu vermeiden. Statt über andere zu schimpfen, versetzen Sie sich in die Position der anderen. Sagen Sie zum Beispiel: »Oh je, der Arme kennt sich hier bestimmt nicht aus.«

Zum anderen können Sie aber auch Ihr Kind dazu ermutigen, selbst Verständnis für andere zu entwickeln. Wenn Sie Bücher lesen oder gemeinsam Filme sehen, fragen Sie nach, wie sich die verschiedenen Charaktere wohl fühlen. Kann Ihr Kind das verstehen? Oder machen Sie ein Spiel daraus, sich zu überlegen, warum bestimmte Personen sich so oder so verhalten: Wem fallen die meisten möglichen Erklärungen ein?

Erzählt Ihr Kind Ihnen von selbst erlebten Konflikten oder Streitereien, fragen Sie zunächst nach den Gefühlen des eigenen Kindes. Drücken Sie Verständnis aus: »Da warst du aber richtig wütend, was?« Wenn sich Ihr Kind verstanden fühlt, haken Sie nach: »Und, was glaubst du, wie hat sich das andere Kind

gefühlt? Wie hat es den Vorfall zu Hause geschildert?«
Vielen Kindern fällt es schwer, über Gefühle zu reden. Möglicherweise fehlen ihnen auch ganz einfach die Worte dafür. Die meisten Kinder kennen nur wenige emotionale Adjektive: langweilig, sauer, cool, traurig. Es gibt aber noch so viele andere Gefühle: beschämt, gedemütigt, stolz, froh, glücklich, angewidert, erschrocken, ängstlich, unsicher, ärgerlich, gereizt, unverstanden, einsam, neidisch, eifersüchtig, neugierig usw.
Benutzen Sie die Wörter selbst, erklären Sie sie und lassen Sie Ihr Kind einmal zu jedem Adjektiv ein Bild (aus einer Zeitschrift) ausschneiden.

Empathische Kinder
Kinder, denen Empathie fehlt, haben meist auch ein geringeres Verantwortungsgefühl als empathische Kinder. Empathische Kinder sind beliebter, erfolgreicher und glücklicher. Es kann also nur die Chancen Ihres Kindes erhöhen, wenn Sie seine Empathie und soziale Kompetenz stärken.

Impulsivität

Manche Kinder sind einfach impulsiver als andere. Sie werden leicht wütend und fühlen sich schnell ungerecht behandelt. Impulsivität hat viel mit der genetischen Veranlagung und/oder mit neurologischen Vorgängen (so zum Beispiel bei Kindern mit ADHS, also mit Aufmerksamkeitsdefiziten und Hyperaktivität) zu tun. Andererseits müssen Kinder ihren Impulsen nicht hilflos ausgeliefert sein.
Hier finden Sie einige Tipps, wie Sie impulsiven Kindern helfen können:

Impulsive Kinder schießen schnell übers Ziel hinaus, sind auch eher rau und grob – und meinen es oft gar nicht so!

- Machen Sie Spiele, in denen Kinder lernen, verlieren zu können. Es gilt, Frustrationen auszuhalten, Geduld zu haben und sich zu beherrschen.
  Wenn Ihr Kind damit große Schwierigkeiten hat, geben Sie sich schon mit kleinen Erfolgen zufrieden, denn sonst verliert Ihr Kind jede Lust an solchen Spielen. Loben Sie jedes Zeichen von Geduld und steigern Sie Ihre Erwartungen ganz langsam.
- Vergessen Sie nicht, dass Impulsivität auch etwas Positives sein kann. Spontane Menschen haben oft viel Fantasie und Kreativität. Überlegen Sie, wie Ihr Kind seine Kreativität und Spontaneität einsetzen kann.
- Einigen Sie sich auf ein Zeichen, ein Wort oder ein Signal, das der anderen Person mitteilt: »Stopp. Erst mal nachdenken.« Dieses Signal darf Ihr Kind dann auch benutzen, um Sie an unüberlegten Taten zu hindern.
- Setzen Sie Belohnungs- oder Punktepläne ein. Eine Variante: Geben Sie Ihrem Kind eine Woche Zeit, um 20 Punkte zu erreichen. Jeden Tag bekommt es maximal 5 Punkte. Aber für jede Verletzung anderer oder die Zerstörung von Eigentum bekommt es einen Punkt abgezogen, sodass es an schlimmen Tagen eventuell keinen Punkt erreicht. Variieren Sie die Punkte so, dass Ihr Kind das Ziel erreichen kann, denn sonst macht es das nächste Mal vielleicht nicht mehr mit. Wenn es die Punktzahl erreicht, bekommt es eine vorher abgesprochene Belohnung.
- Setzen Sie frühe Grenzen. Wenn Sie Schimpfwörter und verbale Gemeinheiten erlauben, ist es für das Kind sehr schwer zu verstehen, wie weit es gehen darf. Leben Sie respektvolles Verhalten im Umgang mit anderen Menschen – auch mit Ihrem Kind selbst – vor.
- Scheuen Sie sich nicht, gegebenenfalls mit Ihrem Kinderarzt über das unberechenbare, impulsive Verhalten Ihres Kindes zu sprechen.

Verwahrlosung

Einer der Hauptgründe für die Aggressivität und Gewalt an Schulen ist sicherlich der, dass viele Kinder zu Hause nicht das Gefühl der Geborgenheit erfahren haben, das sie brauchen. Wenn sich die Eltern nicht dafür interessieren, was ihr Kind macht oder fühlt, ist die Grundbedingung für eine Verwahrlosung und Verrohung gegeben. Ein typisches Phänomen bei verwahrlosten Kindern ist, dass sie überdurchschnittlich viel Zeit mit Videospielen und Fernsehen verbringen. Und leider sind es meist nicht die »pädagogisch wertvollen« Filme und Spiele, die solche Kinder interessieren. Dies ist vielleicht nicht der Ort, auf die Diskussion einzugehen, welchen Einfluss brutale Videospiele auf die Gewaltbereitschaft von Kindern haben. Aber überlegen Sie einmal, wie viel Empathie und Respekt Kinder lernen, wenn sie sich jeden Tag mehrere Stunden mit Mord und Horror beschäftigen.

Wer viel allein gelassen ist und seine Zeit vor Fernsehen und Computer verbringt, hat wenig Gelegenheit, Empathie und soziales Miteinander zu erlernen.

Manche Menschen reden sich ein, Videospiele seien ein guter Weg, um Aggressionen abzubauen. Denen sei gesagt: Sport ist ein sehr viel besserer Weg, stärkt gleichzeitig das Selbstvertrauen und trainiert auch noch den Teamgeist!

In manchen Fällen können Außenstehende (Lehrer, Großeltern, Eltern von Freunden usw.) die Stelle eines desinteressierten oder abwesenden Elternteils übernehmen. In den meisten Fällen brauchen verwahrloste Kinder allerdings viel und auch professionelle Unterstützung von außen.

Unsicherheit

Ein Kind fühlt sich minderwertig und kompensiert dieses Gefühl, indem es andere Kinder herabsetzt. Es wertet sich auf, indem es andere abwertet. Es fühlt sich irgendwie gut an, wenn andere Angst vor einem haben! Menschen, die Angst verbreiten, bekommen vielleicht oft, was sie wollen, aber beliebt sind sie in der Regel nicht.

Kinder, die sich unsicher fühlen, werten andere ab, um selbst besser dazustehen.

Reden Sie einmal mit Ihrem Kind darüber, was der Unterschied ist zwischen »Angst vor einem Menschen haben« und »jemanden respektieren«. Hat Ihr Kind vielleicht Angst vor bestimmten Erwachsenen? Ist es gern mit diesen Menschen zusammen? Wahrscheinlich eher nicht. Gibt es andererseits Menschen, die es respektiert? Welche Eigenschaften haben die Menschen, die von Ihrem Kind respektiert werden? Was macht einen »beliebten« Menschen aus?

Auf Seite 70 ff. finden Sie Tipps, wie das Selbstvertrauen unsicherer Kinder gestärkt werden kann. Wichtig ist, dass unsichere Kinder lernen, ihr Selbstwertgefühl zu steigern, ohne dies auf Kosten anderer zu tun. Bemühen Sie sich auch, Ihr Kind zu Hause immer dann zu belohnen, wenn es großzügig oder hilfsbereit reagiert. Überlegen Sie, wie Ihr Kind das Gefühl, von anderen respektiert zu werden, erreichen kann, ohne dass es Angst verbreitet. Ist es besonders gut in einem Unterrichtsfach oder einer Sportart? Vielleicht kann es anderen Kindern helfen oder sie beim Training unterstützen. Oder es findet eine verantwortungsvolle Aufgabe. Manchmal haben aggressive Kinder die Fähigkeit, andere zu führen, nutzen aber dieses Talent zu falschen Zwecken. Filtern Sie die positiven Eigenschaften Ihres Kindes heraus und unterstützen Sie diese.

Notwehr

Am besten ist Widerstand, der ohne Gegengewalt auskommt.

Es gibt Kinder, die handeln zwar aggressiv, aber nicht, weil sie verletzen wollen, sondern einfach, weil sie angegriffen oder unterdrückt werden. So verständlich diese Art der Aggression ist, so gilt trotzdem: Es ist nicht in Ordnung, andere Menschen zu verletzen. Natürlich soll sich Ihr Kind nichts gefallen lassen. Aber es gibt andere Methoden des Widerstandes.

Die asiatischen Kampfsportarten, wie Judo, unterrichten, dass die beste Verteidigung oft diejenige ist, den Widerstand fortzunehmen. Man muss sich die angegriffene Person wie eine offene oder geschlossene Tür vorstellen. Wenn die Tür zu ist, stemmen sich Angreifer dagegen und brechen sie notfalls mit Gewalt auf. Wenn ich die Tür einfach öffne, fällt der Angreifer, praktisch von seiner eigenen Kraft eingeholt, über die Schwelle.
Es gibt weitere Möglichkeiten, wie Ihr Kind sich erfolgreich zur Wehr setzen kann, wenn es bedrängt oder angefasst wird. Es kann Worte benutzen (»Ich möchte nicht, dass du mich anfasst«) und fortgehen. Fortlaufen ist kein Zeichen von Feigheit, sondern von Klugheit! Ein weiterer wichtiger Bestandteil einer gelungenen Notwehr ist es, zu wissen, wie man sich Hilfe holt.

Allgemeine Tipps gegen aggressives Verhalten

Zunächst müssen die eigenen Wut auslösenden Gefühle erkannt und benannt werden.

Wenn Ihr Kind mit Aggression auf vermeintliches Unrecht oder auf Ungerechtigkeit reagiert, fragen Sie sich (oder fragen Sie Ihr Kind), welche Gefühle hochkommen, wenn es angegriffen wird. Es ist nämlich wichtig, das Gefühl von der Handlung zu trennen. Erst einmal fühlt man, die Handlung folgt dann aus dem Gefühl heraus. Das Kind kann die aggressiven Handlungen erst in den Griff bekommen, wenn es sich seiner eigenen Gefühle bewusst wird.
Mögliche Gefühle, wenn man mit Spott, Beleidigungen oder Herabsetzung konfrontiert wird, sind:

- Wut (»Den mache ich fertig!«),
- Empörung (»Das darf doch nicht wahr sein. So eine Unverschämtheit!«),
- Scham (»Oh je, wie peinlich!«),
- Minderwertigkeitsgefühl (»Ich bin wirklich zu dick!«),
- Trauer (weinen),
- Unsicherheit (aussitzen, so tun, als habe man nichts gehört),

- gekränkt sein (»Dann gehe ich eben!«),
- Erstaunen (»Wieso sagst du denn so was?«),
- Unglaube (»Das meinst du doch nicht im Ernst?«),
- Depression (»Mich mag keiner ...«),
- Demut (»Bitte behandle mich nicht so – sei doch nett zu mir!«),
- Unterwürfigkeit (»Ich tue auch alles, was du willst.«).

Ermutigen Sie Ihr Kind, wenn es alt genug ist, sich einmal Gedanken darüber zu machen, welcher Art seine Gefühle sind. Woran merkt es, dass es wieder »dieses Gefühl« hat? Bekommt es einen heißen Kopf, einen Knoten im Bauch, sieht es »rot«? Der Trick bei der Bekämpfung von aggressivem Verhalten ist der, sich über die Gefühle, die zur Aggression führen, bewusst zu werden. Ihr Kind könnte sich daher einen entsprechenden Satz einprägen: »Ich fühle einen Knoten im Bauch, ich bin wütend!«
Wenn es wieder »das Gefühl« bekommt, soll es diesen Satz denken. Dann ist es Zeit, tief Luft zu holen und zu überlegen, wie es reagieren will.

Techniken der Selbstberuhigung

Aggressive Kinder müssen lernen, wie sie sich selbst beruhigen.

Bringen Sie Ihrem Kind Techniken der Selbstberuhigung bei. Solange das Adrenalin pumpt und das Blut im Kopf rauscht, kann man nicht richtig denken. Deshalb ist es ganz wichtig, dass man sich erst einmal beruhigt. Dies kann man durch langsames und bewusstes Atmen erreichen, durch Zählen (vorwärts oder von 10 rückwärts). Wenn Ihr Kind in Ihrem Beisein wütend wird, erinnern Sie es sofort an das Besprochene. Wenden Sie auch selbst die Technik der Selbstberuhigung an. Aber was tut man, wenn man sich so weit beruhigt hat, dass man nicht mehr schlagen oder schreien muss? Viele Kinder können sich gar keine andere Reaktion als die bisher ausgeübte vorstellen. Es gibt aber eine ganze Menge Alternativen zur Aggression!

Lesen Sie mit Ihrem Kind die folgende Liste an hilfreichen Reaktionsmöglichkeiten durch und überlegen Sie, welche in Frage kämen:

- Auf die Kritik eingehen (»Meinst du? Was genau habe ich falsch gemacht?«).
- Weggehen, bis man sich wieder beruhigt hat.
- Seine Gefühle in Worte fassen (»Das hat mich verletzt, ich bin wütend!«).
- Sich daran erinnern, dass man schon andere ähnliche Situationen überstanden hat.
- Sich an bestimmte Grundprinzipien erinnern (»Es ist nicht in Ordnung, andere Menschen zu verletzen. Also werde ich nicht zuschlagen.«).
- Grenzen setzen (»Ich möchte nicht, dass du mich so nennst.«).
- Eine Lösung suchen (»Ich glaube, wir haben ein Problem. Was können wir tun?«).
- Die eigene Interpretation des Geschehens überprüfen (»Ich habe das Gefühl, du möchtest mich provozieren. Ist das so?«).
- Verständnis zeigen (»Du bist ja ziemlich sauer. Was ist denn los?«).
- Humor (»Das Hemd gefällt dir nicht? Ausgerechnet das ist schon seit der ersten Klasse mein Lieblingshemd!«).
- Gelassenheit (»Damit kann ich leben.«).

Bestimmt kennen Sie noch andere Reaktionsweisen, die Sie Ihrem Kind vorschlagen können. Es ist gut zu wissen, dass man nicht in der festgefahrenen Bahn weitermachen muss, in der man steckt. Bereden Sie mit Ihrem Kind, welche der genannten Verhaltensweisen es gut findet.

Was Sie noch tun können, um Ihrem Kind zu einer Anti-Gewalt-Haltung zu verhelfen:

Wichtig zu unterscheiden: Die aggressive Tat, nicht das Kind, ist schlecht!

- Selbst über Gefühle sprechen.
- Dem Kind helfen, seine Gefühle auszudrücken.
- Dem Kind helfen, Worte zu finden: »Mensch, du bist aber wütend! Was genau macht dich denn so wütend?«
- Klare Ablehnung von verletzendem Verhalten, aber keine Ablehnung des Kindes. Wut anders abreagieren lassen (malen, Kissen schlagen, Boxball usw.).
- Üben, sich in andere hineinzuversetzen. So kann man bei jedem Konflikt – oder hinterher, wenn es währenddessen nicht möglich war – besprechen, wie es einem ergangen ist. Oft können Kinder (und auch viele Erwachsene) nur ihre eigene Position verstehen. Um Verständnis für die andere Seite zu entwickeln, kann ein Rollentausch stattfinden: »Ich erzähle, wie ich glaube, dass es dir ergangen ist, und du sagst, was du glaubst, was ich gefühlt habe.« Wichtig ist dabei, dass es nicht wieder zum Streit kommt, sondern dass man »Aha«-Erlebnisse ermöglicht. Also nicht gleich antworten: »Das stimmt doch gar nicht, das habe ich nicht gedacht!«, sondern lieber: »Ach so, jetzt verstehe ich, warum du so wütend warst. Du hast gedacht, ich halte dich für …«
- Wenn genügend Familienmitglieder oder Freunde zur Verfügung stehen, kann man auch einen vorgefallenen Konflikt re-inszenieren. Das involvierte Kind spielt aber nicht mit, sondern ist der Regisseur. Die zwei Parts werden von anderen Personen gespielt, wobei das Kind Anweisungen gibt, wie sich die Spieler verhalten sollen. Das heißt, Ihr Kind muss sich auch in die Rolle des anderen Kindes hineinversetzen.

Das Mobbing stoppen: Erste Schritte

Wenn Sie, wie bereits beschrieben, ein erstes Gespräch zum Thema geführt haben, hat Ihr Kind die ermutigende Botschaft erhalten, dass Sie hinter ihm stehen und alles tun werden, um ihm zu helfen. Am liebsten würden Sie wahrscheinlich gleich die Eltern der Mobber oder auch die Lehrer anrufen und Ihre Wut loswerden. In der Tat ist meist ein Gespräch mit allen Parteien unerlässlich, um den Konflikt zu lösen. In den meisten Fällen sollte auch die Schule informiert werden. Doch vorab sollten Sie erst einmal die Situation genau analysieren und die möglichen Ziele überdenken. Manchmal können Mobbing-Situationen ganz schön kompliziert sein und es lohnt die Zeit, sich zunächst klar darüber zu werden, was man eigentlich erreichen kann und will.

Die Situation erkennen und verstehen

Um die Situation, in der Ihr Kind sich befindet, zu verstehen, müssen Sie einige Fragen stellen. Dabei kann Ihr Kind leicht den Eindruck gewinnen, dass Sie ihm nicht glauben, dass Sie nach Unstimmigkeiten suchen, oder dass Sie aus purer Neugierde drängen. Seien Sie daher bitte sehr behutsam und erklären Sie Ihrem Kind, dass es wichtig ist, eine Situation, die unter Umständen eine Konfrontation mit Dritten oder die Hinzuziehung von Lehrern oder Schulleitung erfordert, selbst genau zu kennen.

Eine genaue Klärung der Situation ist unerlässlich.

Besprechen Sie die folgenden Fragen mit Ihrem Kind. Halten Sie Dinge schriftlich fest und erklären Sie, dass dies für das Verständnis wichtig ist. (Wenn Ihr Kind alt genug ist, kann es dies auch selbst tun – je aktiver Ihr Kind im Kampf gegen das Mobbing wird, desto größer die Chance, dass es das Mobbing ohne psychischen Schaden übersteht.) Schriftliche Notizen können sehr hilfreich sein, wenn es doch so weit kommen sollte, dass der Mobbing-Fall bei der Schulleitung oder der Schulbehörde vorgestellt werden muss.

Fragen	Antworten
1. Wer sind die Mobber?	
2. Wie und wann genau begann das Mobbing?	
3. Wer unterstützt den oder die Mobber?	
4. Welche Schüler und Lehrer stehen auf deiner Seite?	

5. Wie hast du bis jetzt reagiert?	
6. Welche Reaktionen hast du noch nicht ausprobiert? Warum nicht?	
7. Wann findet das Mobbing statt (Umstände, Zeiten), wann unterbleibt es?	
8. Hast du schon jemandem (Lehrer, Pausenaufsicht) vom Mobbing erzählt?	
9. Welche Motive und Beweggründe vermutest du bei den Mobbern?	
10. Was muss sich ändern, damit du wieder gern in die Schule gehst?	

Wenn Sie Antworten auf diese Fragen haben, verstehen Sie vielleicht besser, was genau passiert ist.
Und was noch wichtiger ist: Vielleicht zeichnet sich bereits ab, in welcher Richtung eine Lösung zu suchen ist. Vorschläge dazu werden Sie im Folgenden bekommen.
Vorerst sollten Sie aber noch einige weitere Fragen stellen, die bereits in Richtung Lösungsfindung gehen. Da diese Fragen vom Kind falsch verstanden werden könnten, sollen sie kurz erklärt werden:

11. Wer könnte dir helfen?
Ihr Kind soll noch nicht direkt um Hilfe bitten, sondern lediglich Kinder oder Lehrer benennen, die sich ihm wohl gesonnen oder zumindest neutral verhalten. Es ist ganz wichtig, die Menschen, die gewöhnlich wegschauen, dazu zu bringen, Partei zu ergreifen. Denn meist sind die Mobber in der Minderzahl und profitieren von der Angst der großen Menge.

Wenn die Situation genau beschrieben und nach Motiven geforscht worden ist, lässt sich vielleicht bereits ein Lösungsansatz erkennen.

12. Wie hätte man den Konflikt beilegen können bzw. ist er noch beizulegen?
Diese Frage greift nur, wenn am Anfang des Mobbings ein Konflikt bestand. Wenn zum Beispiel Ihr Kind einen Klassenkameraden verpetzt hat und seither gemobbt wird, könnte man überlegen, ob es noch sinnvoll ist, den Konflikt anzusprechen, oder ob sich das Mobbing bereits so verselbständigt hat, dass der ursprüngliche Konflikt in Vergessenheit geraten ist.

13. Welche gemeinsamen Interessen gibt es?
Auf den ersten Blick verfolgen Mobber und Betroffene völlig entgegengesetzte Ziele: Die Mobber wollen vielleicht durch starkes Auftreten Ansehen und Respekt erlangen, die Opfer dagegen wollen lediglich in Ruhe gelassen werden. Doch oft kann man auch gemeinsame Interessen finden: Wollen vielleicht beide Parteien das Wohlwollen der Lehrer? Gute Noten? Wollen beide eine geplante Klassenfahrt mitmachen? Um ein Gespräch mit den Mobbern vorzubereiten, kann das Wissen um gemeinsame Interessen sehr wichtig sein.

14. Wie würde der oder die Mobber die Situation beschreiben?
Diese Frage ist auf keinen Fall als Versuch zu verstehen, das Mobbing zu rechtfertigen. Aber es kann sehr aufschlussreich sein, sich einmal in die Perspektive der Mobber zu versetzen. Sollte es zu einem Gespräch mit den Mobbern kommen, ist es unbedingt notwendig, sich auch die Gegenversion anzuhören.

Es könnte sogar sein, dass Ihr Kind, bewusst oder unbewusst, seinerseits die Mobber verletzt hat. Dies sollte es gegebenenfalls erkennen.

15. Was ist noch wichtig?
Manchmal sind es die kleinen Dinge, die das Große erklären.

In einer bildlichen Darstellung lassen sich Beziehungen sehr klar darstellen und Verstrickungen – und mögliche Bündnisse – werden ersichtlich.

Um ein noch klareres Bild zu erlangen, lassen Sie Ihr Kind doch einmal eine Skizze von allen Beteiligten zeichnen. Wie das geht, zeige ich im Folgenden anhand eines Beispielfalles:
Klara ist das gemobbte Kind. Sie hat eine gute Freundin: Susanne (durch eine starke Linie gekennzeichnet). Zu Karin, Petra und Yvonne hat sie ein neutrales Verhältnis sowie auch zu ihrem Lehrer. Der wiederum mag die drei genannten Mädchen gerne. Er hat aber Schwierigkeiten mit Frank, dem schlimmsten von allen, mit Tom und Mehmed. Dies sind drei Jungen, die Klara mobben (konfliktreiche Beziehung, durch gestrichelte Linie gekennzeichnet). Die drei Mobber können stets mit der Bewunderung von Lukas, Yunus und Sara rechnen, die sich zuweilen ebenfalls gegen Klara wenden. Klara könnte ihre Situation so darstellen:

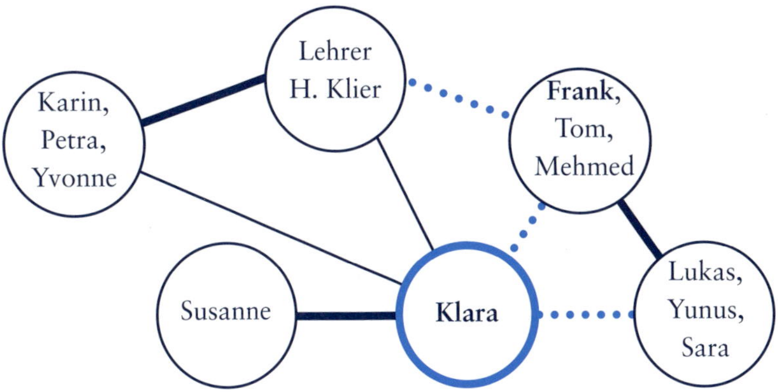

Anhand dieser Skizze sieht man schnell, dass Klaras Position noch nicht verloren ist. Sie hat zwar sechs Kinder gegen sich, aber sie hat eine gute Freundin und es besteht auch die Chance, Karin, Petra, Yvonne und Herrn Klier auf ihre Seite zu ziehen. Lassen Sie Ihr Kind auf einem großen Blatt Papier eine entsprechende Skizze mit allen Beteiligten zeichnen.
Wo hat sich Ihr Kind platziert? Am Rand, isoliert oder genau in der Mitte? Das sagt schon etwas darüber aus, wie es seine Rolle sieht.
Diskutieren Sie gemeinsam, wie die Beziehungen sind, welche Gruppen es in der Klasse gibt und wer in der Gruppe der »Leitwolf« ist. So lässt sich vielleicht erkennen, welche Personen gezielt angesprochen werden sollten.
Nachdem Sie die Situation gemeinsam mit Ihrem Kind von allen Seiten ausgeleuchtet haben, möchte ich Ihnen nochmals raten, all Ihre Erkenntnisse schriftlich festzuhalten. Falls Ihr Kind den Fall vor der Schule oder anderen Institutionen darlegen muss, ist eine schriftliche Dokumentation sehr hilfreich. Helfen Sie Ihrem Kind dabei, die Vorfälle, soweit rekonstruierbar, chronologisch aufzuschreiben. Ideal wäre es, wenn Daten, Zitate und mögliche Zeugen benannt werden könnten. Ein solcher Eintrag könnte folgendermaßen aussehen:

Datum	Was geschah?	Zeugen/Wer war dabei?	Meine Reaktion
22. Juni 2004	Frank klaute in der Pause meine Tasche und verlangte 3 Euro, um sie wieder zurückzugeben.	Susanne war dabei.	Ich lieh mir von Susanne das Geld und gab es ihm.

Ziele formulieren

Wenn Sie die Situation analysiert haben, ist es an der Zeit, sich über das Ziel Gedanken zu machen. Was braucht Ihr Kind, um wieder glücklich zu sein? Was will es erreichen? Wenn Sie es fragen, sagt es vielleicht: »Ich will nicht mehr geärgert (erpresst, ausgelacht) werden.« – »Ich will, dass Karsten (Mobber) bestraft wird, von der Schule fliegt oder selbst mal so leiden muss.« Oder: »Ich will zur Gruppe dazugehören und nicht immer allein sein.«

Ziele sollten konkret, positiv und realisierbar sein.

Was immer Ihr Kind sich wünscht, es hat ein gutes Recht dazu. Aber nicht alle Wünsche sind erfüllbar. Nachdem Sie Ihrem Kind erlaubt haben, seine Wünsche frei zu formulieren, helfen Sie ihm, den Wunsch so auszudrücken, dass er möglichst konkret, positiv formuliert und realisierbar ist.

Was ist damit gemeint? Je spezifischer und konkreter ein Ziel ist, desto besser kann man dieses Ziel anderen gegenüber vermitteln. Wenn Ihr Kind zu einem anderen sagt: »Hör auf, mich zu ärgern!«, ist das andere Kind versucht zu antworten: »Ich ärgere dich doch gar nicht!« Wenn der Wunsch aber ganz spezifisch formuliert wird: »Hör auf, mit Steinen auf mich zu werfen!«, hat das andere Kind nur die Wahl, dem Wunsch zu entsprechen – oder nicht. Je konkreter der Wunsch, desto besser lässt er sich durchsetzen.

Der zweite Rat war, dass ein Ziel positiv formuliert werden soll. Dahinter steht die Idee, dass es leichter ist, neue Dinge ins Laufen zu bringen als alte Gewohnheiten zu unterbinden. Klara aus unserem obigen Beispiel könnte sich wünschen, nicht mehr von einzelnen Schülern ausgelacht zu werden, sie könnte sich aber auch wünschen, sich in ihrer Klasse wohl zu fühlen. Der erste Wunsch macht Klara völlig von den Mobbern abhängig. Der zweite Wunsch – sich wohl zu fühlen – verändert die Perspektive. Klara muss sich überlegen, was sie eigentlich braucht, um sich wohl zu fühlen. Manchmal hilft ein solcher

Perspektivenwechsel, um sich unabhängig zu machen. Außerdem sind Menschen eher geneigt, einem Gebot als einem Verbot zu folgen. »Leg die Tasche auf den Tisch!« ist daher effektiver als: »Hör auf, meine Tasche rumzuschleudern!«
Der dritte Rat für ein zu formulierendes Ziel war, dass es realisierbar sein soll. Nicht realisierbar ist es zum Beispiel, die Gefühle von anderen Menschen oder deren Persönlichkeit zu verändern. Wenn Ihr Kind von anderen Kindern nicht gemocht wird, sollte es sich nicht zum Ziel machen, beliebt zu werden. Es ist aber realisierbar, sich ein bestimmtes Verhalten von anderen Menschen zu wünschen. Dabei können dann auch die Erwachsenen helfen.
Haben Sie mit Ihrem Kind zusammen ein Ziel (oder auch mehrere) erarbeitet, auf das Sie hinarbeiten wollen? Notieren Sie es, damit Sie sich später daran orientieren können:

Das Mobbing stoppen: Was Ihr Kind tun kann

Wenn Sie erst einmal ein Ziel vor Augen haben, können Sie daran gehen, eine Lösung zu überlegen. In diesem Kapitel finden Sie einige Lösungsvorschläge, die darauf zielen, dass sich Ihr Kind in Zukunft anders verhält. Doch Vorsicht: Leider lassen sich nur wenige Mobbing-Fälle vom Kind allein lösen – meist ist Unterstützung von außen notwendig. Deswegen besprechen Sie am besten mit Ihrem Kind gemeinsam, welcher Weg im konkreten Fall in Frage käme. Ihr Kind soll natürlich nur das tun, was es sich auch zutraut.

Grenzen setzen, Selbstbewusstsein stärken

Das Kind soll selbst aktiv werden, aber es braucht unbedingt den Beistand von Erwachsenen.

Kinder sind in den wenigsten Fällen auf Schikanen, Überfälle, Gemeinheiten und Gewalt »vorbereitet«. Deshalb ist es auch nicht verwunderlich, dass sie solchem Verhalten völlig hilflos gegenüberstehen und sich nicht zur Wehr setzen. Trotzdem fragen Außenstehende oft: »Warum hast du dich nicht gewehrt?« Aber wie genau soll dieses »Wehren« aussehen? Zurückschlagen, zurückdrohen, zurückmobben? Gleiches mit Gleichem vergelten führt fast nie zum Erfolg. (Wobei man nicht vergessen sollte, dass Notwehr natürlich erlaubt und manchmal nötig ist!) Was wirklich helfen kann ist, klar »Nein« oder »Stopp« zu sagen. Kinder, die selbstsicher sind und wissen, was sie wollen, werden seltener gemobbt, weil sie, falls ihnen mal jemand quer kommt, sagen können: »Lass das!« Sie lassen sich nicht so leicht einschüchtern, sie protestieren, wenn ihre Rechte beschnitten werden, und sagen klar, was ihnen nicht gefällt.

Wie kann Ihr Kind lernen, solch ein »selbstsicheres« Kind zu werden? Hier einige Vorschläge:

Wesentlich ist es, das Selbstbewusstsein und Selbstvertrauen des Kindes im Alltag zu stärken.

- Kinder über ihre Rechte aufklären, zum Beispiel: »Du darfst entscheiden, ob dich jemand anfassen darf oder nicht.« – »Es ist nicht richtig, wenn dir jemand wehtut oder Angst macht.«
- Kindern Erfolgserlebnisse ermöglichen. Gehören Sie zu den Eltern, die glauben, dass man Kindern ihre Fehler vorhalten muss, damit sie es das nächste Mal richtig machen? Pädagogisch viel sinnvoller ist es, Kinder dabei zu unterstützen, Fehler selbst zu finden und zu verbessern. Durch Kritik werden die wenigsten motiviert, die meisten Menschen brauchen Aufmunterung und Lob, denn das macht Lust, sich noch mehr anzustrengen und es noch besser zu machen.
- Kinder an vergangene Erfolge und schöne Erlebnisse erinnern. Ihnen beibringen, wie sie solche Erinnerungen hervorrufen können, wenn sie sich schlecht fühlen.

- Kindern Verantwortung geben und ihnen etwas zutrauen.
- Kindern Aufmerksamkeit, Zeit und Liebe schenken.
- Das Kind zu einem Selbstverteidigungskurs anmelden (natürlich nur, wenn es will).

Rollenspiele

Rollenspiele sind hervorragend geeignet, um unterschiedliches Verhalten in Problemsituationen auszuprobieren und konstruktive Reaktionsmuster zu finden.

Zusätzlich können Sie gezielte Übungen machen, um Ihr Kind darauf vorzubereiten, in Konfliktsituationen selbstsicher aufzutreten. Dazu eignen sich Rollenspiele sehr gut. Rollenspiele fallen Kindern sehr leicht, aber leider scheuen sich Erwachsene manchmal. Lassen Sie sich einfach darauf ein und sehen Sie, was passiert! Erklären Sie Ihrem Kind, dass es darum geht, verschiedene Verhaltensweisen auszuprobieren. Deshalb spielen Sie einige Szenen wiederholt durch.
Noch ein Tipp: Wenn Sie eine Videokamera haben, nehmen Sie das Rollenspiel auf. Vieles bemerkt man nämlich erst, wenn man sich selbst im Film sieht. Sie können, wenn Sie und Ihr Kind Spaß daran haben, auch ein Projekt in Angriff nehmen und einen ganzen Film mit gelungenen Konfrontationen drehen. Diesen Film kann Ihr Kind sich dann immer wieder ansehen, wenn es sich aufbauen will.
Zu Anfang darf Ihr Kind Ihnen eine Beleidigung an den Kopf werfen, zum Beispiel: »Du bist ja zu blöd zum Fahrradfahren!« Reagieren Sie einmal verletzt (»Wieso sagst du das, magst du mich nicht?«) und schauen Sie, wie Ihr Kind reagiert. Dann spielen Sie die gleiche Szene noch einmal, reagieren diesmal aber kühl (»Ach, das finde ich aber gar nicht!«), das nächste Mal beleidigend (»Du bist doch noch viel blöder«) und zuletzt aggressiv (»Sag das noch mal und ich hau dir eine rein!«).
Diskutieren Sie anschließend alle Szenen. Welche Antwort war am besten geeignet, den Konflikt zu entschärfen? Es sollte festgestellt werden, dass selbstsichere Reaktionen am ehesten zu

einer Lösung des Konflikts führen. Verletzte und unterwürfige Antworten können Angreifer vielleicht beschwichtigen, man bringt sich jedoch in die unterlegene Position und bietet sich für die Zukunft als Opfer an. Beleidigende und aggressive Antworten verschärfen den Konflikt. Vertauschen Sie dann die Rollen und übernehmen Sie selbst den angreifenden Part. Spielen Sie so lange, bis Ihr Kind Antworten gefunden hat, die es gut findet.

Weitere Übungen:

Üben Sie mit Ihrem Kind selbstsichere Verhaltensmuster und selbstbewusste Antworten ein.

- »Nein« sagen üben! Achten Sie auch zu Hause darauf, dass Ihr Kind das Recht hat, seine Interessen zu vertreten und auch einmal »Nein« zu sagen. Für das Leben draußen spielen Sie verschiedene Szenen: »Leihst du mir mal dein Fahrrad?« – »Gib mir einen Euro!« Wenn Ihrem Kind zunächst keine Antwort einfällt, überlegen Sie gemeinsam und spielen Sie die gleiche Szene, bis sie »sitzt«. Antworten könnten zum Beispiel sein: »Tut mir Leid, das geht nicht.« – »Nein, ich gebe dir keinen Euro.« usw. Ihr Kind kann aber auch ganz einfach »Nein« sagen.
  Wichtig ist, dass es sich nicht auf eine Diskussion einlässt. Jede Erklärung ist schon ein Entgegenkommen! Zur Not wiederholt Ihr Kind den gleichen Satz: »Es geht nicht!«, immer wieder. Wichtig ist auch, dass Ihr Kind »Nein« mit lauter, vernehmlicher Stimme sagt, dabei der anderen Person in die Augen schaut und den Kopf erhoben hält. Üben Sie diese Haltung!
- Wegrennen und um Hilfe rufen üben. Manchmal ist schon die Antwort »Nein« zu viel. Dann ist es das Beste, einfach wegzulaufen. Oder aber laut werden! Erklären Sie Ihrem Kind, dass es nicht feige ist, fortzulaufen. Üben Sie auch lautes Rufen. Es muss nicht »Hilfe« sein, man kann auch einfach laut singen oder brüllen: »Anna, Markus, wo seid ihr?

Ich bin hier!« Wenn Ihr Kind öfter Strecken zurücklegen muss, wo Gefahren lauern, sollte es Geschäfte und Personen kennen, wo es notfalls klingeln könnte.

- Spielen Sie eine Situation nach, die Ihr Kind erlebt hat, oder erfinden Sie mögliche Situationen. Spielen Sie die Szene immer wieder, bis Ihr Kind eine Reaktion gefunden hat, mit der es zufrieden ist.
- Überlegen Sie gemeinsam selbstsichere oder humorvolle Antworten auf alle Arten von Kritik und Angriffen. So könnte Ihr Kind Sätze auswendig lernen wie: »Ich esse eben gerne.« – »Wie meinst du das?« – »Mir gefällt meine Hose.« – »Stimmt, ich bin nicht sehr schnell. Komm drüber weg!«
- Üben Sie auch, wie man sich entschuldigt. Ihr Kind könnte Sie (im Spiel) versehentlich anrempeln. Oder Sie sagen: »Hey, du hast dich auf meinen Platz gesetzt!« Wenn Ihr Kind die Tendenz hat, schnell aggressiv zu reagieren, dann üben Sie, dass Einlenken und Entschuldigungen oft die bessere Wahl sind: »Entschuldige, habe ich gar nicht gemerkt!«
- Was tut Ihr Kind, wenn andere gemobbt oder geschlagen werden? Helfen bedeutet nicht, sich zwischen zwei streitende Parteien zu werfen. Viel effektiver ist es, Hilfe zu rufen (also Lehrer holen, Polizei anrufen usw). Was sagt man, um schnell Hilfe zu holen? Üben Sie kurze Sätze: »Dort drüben schlagen drei Kinder auf meine Freundin ein.« – »In der Sophie-Scholl-Schule gibt es eine Schlägerei. Ein Junge hat ein Messer.«

Überlegen Sie gemeinsam mit Ihrem Kind, ob es den Mobbern bereits klar gesagt hat: »Ich möchte, dass du mich respektvoll behandelst. Ich will, dass man mich mit meinem Namen anspricht« usw. Zugegeben, wenn Ihr Kind schon tief im Mobbing drinsteckt, werden diese Aufforderungen nicht genügen. Bei beginnenden Konflikten allerdings können solche klaren Aussagen noch nützen.

Mögliche Formen der Grenzsetzung:

- Sich gegen bestimmte Verhaltensweisen verwehren: »Ich möchte nicht, dass du Witze über mich machst.«
- Respektvolles Verhalten einfordern: »Ich möchte, dass du mich mit meinem Namen anredest.«
- Eine Klärung suchen: »Ich habe das Gefühl, dass etwas nicht stimmt zwischen uns. Gibt es etwas, was wir klären sollten?«
- Mit Konsequenzen drohen: »Wenn das noch mal vorkommt, werde ich den Vorfall melden.« (Aber keine leeren Drohungen machen, sondern diese dann auch umsetzen!)
- Angriffe ins Leere laufen lassen, sich also nicht provozieren lassen (sich wegdrehen, ohne etwas zu sagen, einfach nicht reagieren – dies nur, wenn das Kind sich bisher stets provozieren ließ).
- Wenn das Kind bisher nicht reagierte, könnte es die Angreifer überraschen, zum Beispiel durch Humor oder selbstbewusstes Auftreten: »Ich weiß nicht, was du hast, ich finde meine Brille schön.«

Dem Gegenüber Grenzen setzen – das bietet Schutz vor Mobbing.

Wenn solche Grenzsetzungen nichts nützen, hat Ihr Kind zumindest einen aktiven Versuch gemacht und die Angreifer werden später nie behaupten können, sie hätten nicht gewusst, dass ihr Verhalten Anstoß erregt hat!

Einen frühen Konflikt beilegen

Manchmal beginnt das Mobbing mit einem Konflikt. Zwei Kinder streiten sich, eine lässt die andere nicht abschreiben, petzt oder macht sich lustig. Das nimmt die andere übel und »rächt« sich. Mit der Zeit zeigt sich, wer der oder die Stärkere ist – er oder sie wird zum Mobber. Schon bald weiß man gar nicht mehr, wie alles angefangen hat. Wenn allerdings der

Konflikt noch präsent ist, dann lohnt sich die Mühe, diesen Konflikt anzusprechen. Viele Schulen haben Konfliktlotsen bzw. Mediatoren (zwei Namen für die gleiche Sache), die genau hierfür geschult wurden. Fragen Sie nach, ob es eine solche Einrichtung an der Schule Ihres Kindes oder in der Nähe gibt. Der Vorteil von Mediatoren ist der, dass sie geschult sind, allen beteiligten Parteien das Gefühl zu geben, dass ihre Gefühle zählen und gehört werden. Ziel einer Streitschlichtung ist, die gemeinsamen Interessen herauszustellen und auf beiden Seiten Verständnis für die andere Partei zu schaffen. Dann besteht auch die Chance, dass beide Seiten Verantwortung übernehmen für etwaige Verfehlungen, sich entschuldigen und die Verpflichtung übernehmen, in Zukunft rücksichtsvoll miteinander umzugehen. Überlegen Sie mit Ihrem Kind, ob die Beilegung des Konfliktes noch möglich ist.

Konflikte werden am besten mit Hilfe Außenstehender, möglichst geschulter Konfliktlotsen, besprochen.

Regeln für Konfliktgespräche

Für den Fall, dass Ihr Kind ein Gespräch mit einer Einzelperson führen will, um einen Konflikt zu lösen, gehen Sie vorher gemeinsam die folgenden Regeln durch:

Bei einem Konfliktgespräch gilt es, wichtige Regeln zu beachten.

1. Bereite das Gespräch gut vor! Überleg, was du erreichen willst, auf welche Fakten du dich berufst, und wie du deine Interessen formulieren willst. Versuch auch vorherzusehen, wie dein Gegenüber reagieren wird und welche Argumente er oder sie vorbringen könnte. Zu welchen Kompromissen wärst du notfalls bereit?
2. Im Gespräch: Sprich darüber, was du fühlst – ohne zu verurteilen. (Also besser: »Es kränkt mich, wenn du über mich lachst« statt: »Du bist rücksichtslos.«) Es ist besser, von sich zu reden, als die andere Seite zu beschuldigen. Sag genau, was du dir wünschst oder wie du die Sache empfindest, dann fühlt sich die Gegenseite nicht angegriffen.

3. Widerstehe der Versuchung, die Persönlichkeit oder die Handlungen des Gegenüber zu »erklären«. »Dir sind die anderen egal« ist eine Bewertung, die womöglich gar nicht stimmt, und selbst wenn etwas dran ist, könnte der oder die Betroffene es ganz anders sehen. Streitigkeiten über solche Bewertungen führen zu nichts.
4. Hör auch du zu, wenn die Gegenseite redet. Frag nach, wie die andere Person die Sache sieht, wie sie fühlt und was sie gern hätte.
5. Überleg, ob es ein gemeinsames Interesse gibt. Wenn ihr ein gemeinsames Interesse findet, ist es leichter, gemeinsam einen Weg zu finden, wie man zum Ziel kommt.
6. Es geht nicht darum, zu gewinnen. Ein Konflikt ist dann erfolgreich gelöst, wenn beide Parteien das Gefühl haben, dass sie etwas erreicht haben.
7. Wenn ihr am Ende den Konflikt beigelegt habt, dann gratulier dir selbst und danke deinem Gesprächspartner! Wenn du glaubst, dass nichts erreicht wurde, dann danke deinem Gesprächspartner trotzdem und drück die Hoffnung aus, dass ihr doch noch eine Lösung finden werdet.

Die Isolation durchbrechen

Kinder, die viel allein oder auch schüchtern sind, sind leichte Opfer und werden so erst recht zu Außenseitern.

Manchmal sind von Mobbing betroffene Kinder von Anfang an allein. Sie sind Außenseiter, Eigenbrötler oder einfach nur schüchtern. Andere wiederum sind anfangs noch Teil der Klassengemeinschaft, werden aber durch das Mobbing und mit der Zeit zu Außenseitern. Denn Mobbing schafft einen Teufelskreis: Die Betroffenen vereinsamen und werden durch diese Isolation immer stärker zur Zielscheibe.

Im vorigen Kapitel haben Sie die Situation Ihres Kindes analysiert. Haben Sie einzelne Kinder oder Gruppen identifiziert, die sich neutral verhalten? Diese gilt es anzusprechen. Ist es sinn-

voll, dass Ihr Kind mit jedem Kind der »passiven« Gruppe einzeln spricht oder gibt es ein oder zwei Schüler, die den Ton angeben und Einfluss auf die anderen nehmen können?
Manchmal sind es die »Leitwölfe«, manchmal aber auch stille Anführer, die respektiert werden und die eine ganze Gruppe zum Umschwenken bringen können, wenn sie selbst sich anders verhalten. Welches der Kinder würde vermutlich auf die folgenden Anregungen und Informationen positiv reagieren?

Es kann hilfreich sein, auf andere Kinder zuzugehen, die sich passiv verhalten.

Was Ihr Kind vorbringen kann:

- Erklären, dass es unter den Angriffen von einigen leidet.
- Darum bitten, dass es in der Pause nicht allein gelassen wird, dass es sich dazusetzen darf, dass es öfter mitspielen kann.
- Darum bitten, dass die Außenstehenden nicht mitmachen, auch nicht lachen oder die Mobber in anderer Weise bestärken oder ermutigen.
- Darum bitten, dass Hilfe geholt wird, wenn wieder etwas passiert.
- Darum bitten, dass die Situation nicht verharmlost wird, und eventuell auch um die Bereitschaft, als Zeugen aufzutreten.

Falls es neben Ihrem Kind noch andere »Opfer« gibt, sollten sich alle Betroffenen zusammenschließen. Leider geschieht dies selten. Natürlich ist es für einen selbst angenehm, wenn gerade jemand anderes »dran« ist und man selbst eine Ruhepause von den Mobbern hat. Sinnvoller ist es allerdings, wenn sich alle zusammentun und solidarisch verhalten. Ihr Kind könnte den Anfang machen und mit anderen Betroffenen reden, um eine »Front« gegen das Mobbing zu organisieren.
Im günstigen Fall haben auch die Lehrer und die Schule ein Interesse daran, Mobbing zu stoppen. Dann braucht Ihr Kind nicht selbst um Unterstützung zu bitten, sondern es gibt viel-

leicht im Unterricht Diskussionen oder Informationsveranstaltungen zum Thema, in denen allen Kindern klargemacht wird, wie wichtig es ist, Stellung zu beziehen und Opfern beizustehen.

Unterstützen Sie Ihr Kind bei der Suche nach Freunden.

Vor allem sollte Ihr Kind sich nicht zurückziehen! Dies ist zwar eine verständliche und normale Reaktion, doch die selbst gewählte Isolation schützt nicht vor weiteren Schikanen, eher im Gegenteil. Überlegen Sie, wie Sie Ihr Kind bei der Suche nach Freunden unterstützen können. Unternehmen Sie etwas Schönes und lassen Sie Ihr Kind jemanden dazu einladen. Notfalls sollte Ihr Kind Freunde außerhalb der Schule suchen, in der Nachbarschaft oder in einem Verein.
Bei aller Betonung von Freundschaften und Bindungen möchte ich aber auch hinzufügen, dass man Sympathien nicht erzwingen kann. In jeder Klasse gibt es Kinder, die sich nicht mögen. Kinder leben solche Antipathien besonders intensiv aus, Erwachsene haben meist (allerdings nicht immer) gelernt, dass es besser ist, sich respektvoll aus dem Weg zu gehen, wenn man schon auf engem Raum zusammenarbeitet.

Das Mobbing stoppen: Was Sie tun können

Wenn Ihr Kind schon seit längerer Zeit gemobbt wird, ist davon abzuraten, es bei einer Konfrontation mit dem oder den Mobbern allein zu lassen. Dann braucht es unbedingt Anleitung, Unterstützung und Hilfe von den Eltern. Sie müssen erforderliche Schritte unternehmen – wohl bedacht und die Konsequenzen abwägend. Dabei gibt es mehrere Möglichkeiten des Eingreifens bzw. mehrere Ebenen, auf denen sie aktiv werden können. Manchmal können Eltern in solchen Situationen eine Lösung herbeiführen, indem sie die Mobber direkt ansprechen oder deren Eltern. Dabei sollte man damit rechnen, dass Mobber leugnen, und auch die Eltern werden erst einmal ihr Kind in Schutz nehmen wollen. Sie können auch das Umfeld, in dem das Mobbing stattfindet, einbeziehen und auf Klassen- oder Schulebene aktiv werden. Verschiedene Handlungsmöglichkeiten von Eltern werden in diesem Kapitel besprochen.

Mit Mobbern oder deren Eltern reden

Im Gespräch mit anderen Eltern ist Sensibilität gefordert. Schuldzuweisungen oder Angriffe führen kaum weiter.

Vermeiden Sie im Gespräch mit den Mobbern oder deren Eltern einen Konfrontationskurs und Anklagen. Gespräche haben am ehesten Aussicht auf Erfolg, wenn das Thema, um das es geht, neutral formuliert wird, und wenn Sie signalisieren, dass Sie eine für alle passende Lösung suchen.

Gesprächsformulierungen

Nicht empfehlenswert	Besser
Ihr Kind haut immer mein Kind.	Es kommt immer wieder zu Streitigkeiten zwischen unseren Kindern.
Karsten ist gemein/böse.	Karsten tut Dinge, die andere Kinder verletzen.
Ihr Kind mobbt die anderen/ist ein Tyrann.	Die anderen Kinder fühlen sich von Karstens Handlungen gemobbt.
Man sollte Karsten von der Schule weisen!	Was können wir tun?

Halten Sie sich immer vor Augen, dass nicht Strafe, Demütigung oder Rache das Ziel sein soll. Es geht einzig darum, das Mobbing zu stoppen und weitere Gewalt- und Mobbing-Taten in der Zukunft zu verhindern. Dies sollten Sie auch den Eltern der Mobber gegenüber betonen. Lesen Sie auch noch einmal die Regeln für ein Konfliktgespräch auf Seite 75 f.

Die Mobber dürfen also nicht »zur Rede gestellt« werden nach dem Motto: »Wie konntest du nur? Was hast du da angestellt? Du Monster!« Vielmehr müssen sie über Mobbing informiert werden und es muss ihnen die Gelegenheit gegeben werden, ihre Taten einmal aus der Perspektive der Betroffenen zu überdenken. Lesen Sie dazu auch noch einmal das Kapitel »Wenn Ihr Kind mobbt«, S. 47 ff.

Die Bereitschaft zur Entschuldigung oder Wiedergutmachung wäre sicherlich ein Zeichen dafür, dass das Kind wirkliches Einsehen hat, allerdings sollte es dazu nicht gezwungen werden. Es muss auch erst die Bereitschaft der Opfer eingeholt werden, ob diese überhaupt eine Entschuldigung wollen. Am besten überlassen Sie es den betroffenen Kindern, sich Lösungen auszudenken, wie sie das Vorgefallene wiedergutmachen können.

In die Verantwortung nehmen
Die größten Chancen für eine Lösung des Konfliktes haben Sie, wenn Sie die Mobber oder die Eltern gewinnen können, Verantwortung zu übernehmen dafür, dass in Zukunft kein Mobbing mehr vorkommt.

Die mobbenden Kinder bekamen bisher Macht und ein Gefühl der Überlegenheit, dazu oft konkreten materiellen Gewinn, wenn sie ihre Opfer erpresst oder beraubt haben. Dieser Profit muss durch etwas anderes ersetzt werden: durch das Gefühl, Verantwortung zu haben.

Mobber genießen oft eine Art Führungsrolle in der Klasse. Diese könnten sie einsetzen, um dafür zu sorgen, dass in Zukunft bestimmte Regeln eingehalten werden und dass schwächere Mitglieder geschützt werden. Dazu sollte allerdings auch die Klasse mit eingeschaltet werden.

Auf Klassenebene aktiv werden

Im vertrauensvollen Gespräch mit dem Klassenlehrer sollte das Problem behutsam erörtert und gemeinsam nach Lösungsmöglichkeiten gesucht werden.

Wenn das Mobbing zwischen Schülern der gleichen Klasse geschieht, muss die Klasse einbezogen werden. Dazu sollten mindestens der/die Klassenlehrer/in und weitere betroffene Lehrer gehören. Bitten Sie um ein Gespräch. Achten Sie, wie oben beschrieben, darauf, dass Sie keinen anschuldigenden Ton wählen und das Thema möglichst neutral benennen: »Ich mache mir Sorgen um meine Tochter. Sie fühlt sich seit einiger Zeit von anderen Kindern bedrängt. Darüber würde ich gern mit Ihnen sprechen.«

Viele Lehrer haben den guten Willen, Mobbing in ihrer Klasse zu verhindern, wissen aber nicht genau, was sie tun können. Für diesen Fall können Sie einen guten Tipp parat haben. Weisen Sie auf die *Mobbing-Fibel* (siehe Anhang, S. 128) hin, in der auf weniger als 30 Seiten das Wissenswerteste zum Thema für Lehrer zusammengestellt ist und die genaue Anleitungen gibt, wie Lehrer reagieren können. Die *Mobbing-Fibel* finden Sie im Internet unter http://www.lisum.de. Geben Sie das Stichwort »Gewaltprävention« ein.

Auch wenn der Lehrer oder die Lehrerin die Person ist, durch die sich Ihr Kind gemobbt fühlt, wäre ein Gespäch mit ihm oder ihr angezeigt. Denkbar ist auch, dass die jeweiligen Lehrer gar nicht wissen, was sich unter ihren Augen abspielt – selbst wenn die Klassenatmosphäre so angespannt ist, dass es immer wieder zu mobbingartigen Vorfällen kommt. Hier muss die Lösung auf jeden Fall zusammen mit der Schule/den Lehrern gesucht werden.

Weitere mögliche Ansprechpartner auf Klassenebene sind die anderen Eltern. Wenn die Eltern sich untereinander kennen und regelmäßig miteinander sprechen, stehen die Chancen gut, dass sich die positive Atmosphäre auf die Kinder überträgt. Regen Sie an, dass alle Eltern die Telefonnummern der anderen Eltern erhalten (wobei die Angaben natürlich freiwillig sind).

Wenn gerade kein Elternabend ansteht, könnten Sie anregen, sich außer der Reihe zu diesem wichtigen Thema zu treffen. Wenn Sie Kontakte zu Experten haben, oder wenn es innerhalb der Schule Personen gibt, die sich mit Mobbing und Konflikten auskennen, bitten Sie um eine Informationsstunde zum Thema. Denn je besser die Eltern über Mobbing Bescheid wissen, umso leichter wird es, konkrete Fälle zu besprechen. Der Elternabend soll ja nicht zu einem neuen Konflikt ausarten – was leicht passiert, wenn sich Eltern gegenseitig beschuldigen und attackieren. Vielmehr sollen umsetzbare Lösungen gefunden werden. Betonen Sie Eltern von nicht betroffenen Kindern gegenüber, dass diese das Thema auch angeht. Denn wenn in der Klasse gemobbt wird, deutet dies auf eine angespannte Atmosphäre hin, die dem Wohl der einzelnen Kinder und dem Lernen für die gesamte Klasse abträglich ist.

Elternabende zum Thema Mobbing sind ein wichtiges Angebot von Schulen.

Was Sie auf Klassenebene vorschlagen und unterstützen können:

- Direkte Intervention bei Mobbing: Am bekanntesten ist die so genannte Farsta-Methode, bei der Mobber zum Gespräch geladen werden. Wichtig ist dabei, die Tat zu ächten, aber nicht die Täter. Die Täter sollen dazu gebracht werden, Verantwortung zu übernehmen und zu versprechen, in Zukunft Mobbing zu unterlassen. Wie Lehrer ein solches Gespräch führen können, wird in der *Mobbing-Fibel* (siehe S. 82) erklärt, in der es auch einen Gesprächsbogen als Kopiervorlage gibt. Ein anderer Ansatz ist der »No Blame Approach«, bei dem ein Klassengespräch geführt wird. Auch diese Methode wird in der *Mobbing-Fibel* erläutert.
- Gespräche im Unterricht (darüber, was Mobbing ist, warum manche Kinder andere schikanieren, wie sich »gemobbt werden« anfühlt, welche Lösungen Kindern einfallen). Dies ist

nur zu empfehlen, wenn der Lehrer oder die Lehrerin glaubt, dass die Klasse über das Thema einfühlsam sprechen kann. Als Einstieg bietet sich ein Fragebogen an, der von allen Schülern ausgefüllt wird, um die derzeitige Situation in der Klasse einzuschätzen (siehe *Mobbing-Fibel*).

- Über bloße Diskussionen hinausgehend, können auch Rollenspiele gemacht werden, in denen brenzlige Situationen gespielt werden und die Klasse berät, wie sich die Beteiligten verhalten könnten. Wichtig ist, dass die »Opfer« nicht von den echten Opfern gespielt werden, um Beschämung und Demütigung zu vermeiden. Das Vertauschen von Rollen hat auch den Nebeneffekt, dass die verschiedenen Parteien die andere Seite besser verstehen lernen.
- Einführung von regelmäßigen Unterrichtsstunden/Klassengesprächen, in denen Schüler Gelegenheit haben, Konflikte, Probleme und Beobachtungen des Schulalltags zu besprechen und aufzuarbeiten. Dies ist zuerst ungewohnt, dann aber erstaunlich effektiv (wenn es von Lehrkräften gut geleitet wird).
- Toleranz-Erziehung mit Rollenspielen, Gruppenarbeiten oder bestimmten Projekten, die Empathie und Mitgefühl in der Klasse stärken sollen.
- Definition von klaren Regeln: Jeder Schüler sollte die Regeln kennen, an die sich alle halten müssen (Klassenverfassung, Klassengericht). Mobbing muss bestimmte Konsequenzen nach sich ziehen. Es ist durchaus sinnvoll, die Schüler mitentscheiden zu lassen, mit welchen Konsequenzen Mobber zu rechnen haben. Wichtig ist, dass alle hinter den Regeln stehen und verstehen, dass ein Eingreifen und Hilfeholen verantwortliches Handeln und nicht »petzen« ist!
- Senkung der Toleranzschwelle: Das bedeutet, einschreiten und sanktionieren schon von »kleinen« Vergehen, wie Benutzung von Schimpfwörtern und Beleidigungen – und zwar sowohl in der Schule als auch zu Hause. Wenn sich

Eltern und Lehrer in diesem Punkt einig sind, ist dies natürlich leichter durchzusetzen. Es ist eben nicht, wie viele zu glauben scheinen, ein Zeichen von Toleranz, Freiheit oder Liberalität, wenn man Kindern erlaubt, andere zu beschimpfen und zu beleidigen!

Im Idealfall setzt das Bekanntwerden eines Mobbing-Falls eine ganze Kette von Interventionen in Kraft: Eltern werden aktiv, Lehrer machen Mobbing zum Thema, die Betroffenen werden gehört und dazu gebracht, mit dem Mobbing aufzuhören, die ganze Klasse erhält Informationen zum Thema und fühlt sich verantwortlich.

Ideal ist es, wenn Eltern, Schulleitung und Lehrer zusammenwirken, damit Mobbing keine Chance hat!

Mobbing geht alle an, nicht nur die Täter und die Opfer!
Es geht letztlich nicht nur darum, bestimmte Schüler vor Schikanen zu schützen, sondern allen Schülern die Möglichkeit zu schaffen, in friedlicher und respektvoller Atmosphäre zu lernen und miteinander auszukommen.

Dieser Blick in die Zukunft ist wichtig, um zu verhindern, dass sich plötzlich alle gegen die Mobber wenden und drakonische Strafen fordern. Um den Teufelskreis von Terror und Demütigung zu durchbrechen, müssen alle verstehen, dass ein gutes Zusammenleben bestimmte Regeln erfordert und deren Verletzung Konsequenzen nach sich zieht. Mit anderen Worten: Nicht die Mobber werden geächtet, sondern das Mobbing!

Aus all dem ergibt sich, dass die Klassenebene auf jeden Fall eingeschaltet werden sollte, auch wenn das Mobbing durch andere Interventionen aufgehört hat, wenn zum Beispiel der Mobber die Schule verlassen hat oder wenn ein Gespräch mit den Eltern der Mobber bereits den gewünschten Erfolg hatte. Wo Mobbing stattgefunden hat, kann es wieder stattfinden. Tatsächlich werden Menschen mit jeder Gewalttat, die sie begehen oder auch nur als Zeuge beobachten, abgestumpfter gegen das Leid anderer. Um dieser Verrohungstendenz in der Klasse Ihres Kindes zu begegnen, müssen alle Schüler sich des Problems bewusst werden.

Jede und jeder Einzelne muss Verantwortung übernehmen.

Auf Schulebene aktiv werden

Wenn Mobber und Opfer nicht in der gleichen Klasse sind, oder wenn das Problem in der Klasse trotz aller Bemühungen nicht in den Griff zu bekommen ist, müssen Sie sich an höhere Instanzen wenden.

Mögliche Ansprechpartner:

- Leiter/Leiterin der Schule,
- Vertrauenslehrer,
- Lehrer, zu denen Ihr Kind ein besonderes Vertrauensverhältnis hat,
- Streitschlichter, wenn es diese an der Schule gibt,
- Elternvertretung der Schule, Elternbeirat,
- Schulpsychologen (über die Schulbehörde zu erfragen),
- Schulkonferenz,
- zuständige Schulbehörde oder Senatsverwaltung im jeweiligen Bundesland.

Im günstigsten Falle hat die Schule ein Interesse daran, dass Gewalt und Mobbing unterbunden und geahndet werden. Die Schule, die Gewalt und Mobbing duldet, »züchtet« aggressive und gewalttätige Schüler.

Dinge, die Sie vorschlagen und unterstützen können:

- Informationsveranstaltungen zum Thema Mobbing (Einladung von Experten, Tagungen usw.).
- Eine Plakataktion: Alle Klassen werden aufgefordert, jeweils ein Plakat zu entwerfen, das entweder für respektvollen Umgang wirbt oder Mobbing anprangert. Die Plakate können auch auf eine Notrufnummer verweisen und sollten später, nach Prämierung, in der Schule an exponierter Stelle aufgehängt werden.
- Eine Untersuchung durchführen lassen, ob und in welchem Maße an der Schule gemobbt wird. Dazu eignen sich eigens entworfene Fragebögen, die im Buchhandel erhältlich sind und von Lehrern verteilt und ausgewertet werden können (Schülermobbing-, kurz »Smob-Fragebogen«, siehe Anhang). Diese Aktion ermöglicht eine objektive Beurteilung der Gewaltsituation an der jeweiligen Schule und schafft gleichzeitig ein Problembewusstsein bei allen Beteiligten. Die Ergebnisse können in einer gezielten Veranstaltung offen gelegt und analysiert werden. Bei dieser Gelegenheit können erste Schritte gegen die Gewalt beschlossen werden.
- Konkrete Verbesserungen der Schullandschaft, zum Beispiel Neugestaltung des Schulhofes, Sport und Spiel während der Pausen und nach der Schule, Renovierung der Toiletten usw. Es ist statistisch erwiesen, dass weniger Gewalt und Mobbing-Fälle auf dem Schulhof passieren, wenn die Anzahl der Aufsicht führenden Personen erhöht wird. Auch Eltern können freiwillig während der Pause anwesend sein. Wichtig ist, dass die Aufsichtspersonen eingreifen, wenn sie Gewalt oder Mobbing beobachten. Ein Nicht-Eingreifen signalisiert allen Beteiligten und Zeugen, dass Mobbing okay ist – für die Opfer eine schreckliche Erfahrung.
- Vertrauenslehrer oder andere Erwachsene als Ansprechpartner für Gewalt und Mobbing einsetzen, die sich in den

Mobbing zum Thema machen und einschreiten, sobald schon »kleine« Fälle von Gewalt auftreten – das verspricht wirksame Hilfe.

Klassen vorstellen und bekannt machen. Die Schule kann auch eine spezielle Telefonnummer einrichten, die mindestens einmal pro Woche erreichbar ist.

- Einigkeit seitens der Schulleitung und der Elternschaft darüber herstellen, dass Vorbeugung von Gewalt und Mobbing damit beginnt, »kleinere« Verfehlungen (Schimpfwörter benutzen, Vandalismus, intolerantes Verhalten usw.) zu thematisieren und zu ahnden.
- Ausbildung von Konfliktlotsen/Streitschlichtern bzw. Mediationsangebote von außen (Internet-Adressen S. 126).
- Anti-Aggressivitäts-Trainings (Methode »heißer Stuhl«, Literatur dazu finden Sie im Anhang, S. 127 f).
- Initiativen, um das Zusammengehörigkeitsgefühl und die freundschaftliche Atmosphäre an der Schule zu fördern, wie Schulfeste, Kunstausstellungen (mit Bildern der Schüler), Olympiade, Partnerschaft mit anderen Schulen im Ausland, gemeinsame Projekte, politische Aktionen usw.
- Preisverleihung für besonders faires oder helfendes Verhalten.
- Anti-Gewalt-Programme, wie zum Beispiel Faustlos (www.faustlos.de).
- Erstellung einer »Schulcharta« oder fester Regeln, die Mobbing klar sanktionieren.
- Einführung von Schülerpartnerschaften. Die Schüler der unteren Klassenstufen erhalten jeweils einen Partner oder eine Partnerin aus einer höheren Klasse. Die Partner treffen sich regelmäßig und die Jüngeren können Rat suchen, Fragen stellen, von sich erzählen. Im Idealfall können sie sich auch in der Pause an ihre Partner wenden, wenn sie Probleme bekommen und Hilfe brauchen.
- Täter-Opfer-Ausgleich: Ein Täter-Opfer-Ausgleich bietet dem Opfer die Chance, den erlittenen Schmerz darzulegen und Wiedergutmachung zu erhalten. Doch Achtung: Opfer müssen dies von sich aus wollen und sollten auf keinen Fall dazu gedrängt werden (siehe S. 89).

Wiedergutmachung und Täter-Opfer-Ausgleich

Ein Täter-Opfer-Ausgleich oder eine Wiedergutmachung bietet Mobbern und Betroffenen die Chance, das Mobbing auszugleichen (wobei man natürlich Unrecht nicht wirklich »gut« machen kann).
Wenn die Mobber einsichtig sind, kommt eine Wiedergutmachung in Frage. Beide Parteien sollten gefragt werden, wie sie sich einen solchen »Ausgleich« vorstellen. Manchmal kommt eine solche Annäherung über die Vermittlung von Dritten zustande. Eine Wiedergutmachung kann eine finanzielle Kompensation, Ersatz für zerstörte Gegenstände, ein Entschuldigungsbrief, eine öffentliche Erklärung oder eine soziale Dienstleistung sein.
Manchmal kommt es auch zu direkten Gesprächen zwischen Tätern und Mobbern, die dem Täter-Opfer-Ausgleich dienen. Solche Interventionen sollten allerdings nur eingeleitet werden, wenn die Opfer dazu bereit sind und dies wirklich wollen. Auch sollte eine solche Maßnahme unbedingt von Fachkräften und nicht von Laien angeleitet und begleitet werden. Ansonsten besteht die Gefahr, dass das Opfer erneut angegriffen und gedemütigt wird.
Im Internet können Sie mehr über Täter-Opfer-Ausgleich erfahren (Adressen siehe S. 126). Zum einen gibt es das Täter-Opfer-Ausgleich (TOA)-Servicebüro, das 1992 als überregionale Beratungsstelle eingerichtet wurde. Ziel ist es, die Wiedergutmachung als Alternative zur traditionellen Strafrechtspraxis anzubieten; TOA wird in diesem Rahmen auch von der Justiz gern eingesetzt.

Es gibt bundesweit verschiedene Organisationen, bei denen man sich Rat und Unterstützung einholen kann.

Daneben gibt es weitere Organisationen, die sich um die Belange von »Opfern« von Gewalt und Kriminalität kümmern. Die Hilfsorganisation »Weißer Ring e.V.« tritt öffentlich für die Opfer von Kriminalität und für ihre Familien ein. Die »Deutsche Opferhilfe e.V.« bietet persönliche Begleitung, Selbsthilfegruppen und die Vermittlung von weiteren möglichen Hilfen an und macht sich zur Aufgabe, Opfern von Straftaten und deren Angehörigen mit Rat und Tat zur Seite stehen. Die jeweiligen Internet-Adressen finden Sie auf Seite 126.

Das Kind auf einer anderen Schule anmelden

Nur wenn es gar nicht anders geht, sollte das betroffene Kind die Schule wechseln.

Diese Lösung ist die wohl am wenigsten wünschenswerte. Doch manchmal ist es tatsächlich die einzige Lösung! Wenn Gespräche mit den Mobbern, den Eltern, Lehrern, der Schulleitung und selbst der Schulbehörde keine Besserung gebracht haben, sollten die beteiligten Erwachsenen erwägen, den Konflikt zu lösen, indem die Schüler getrennt werden. Versetzt werden sollte, wenn es geht, der Schüler oder die Schülerin, der/die gemobbt hat. Erst wenn die Schule oder Schulbehörde nicht mitzieht, oder wenn Sie glauben, dass Ihr Kind auf der jetzigen Schule ohnehin nie glücklich sein kann, besprechen Sie mit Ihrem Kind, ob es auf eine andere Schule wechseln möchte. In einigen Fällen bietet sich noch eine andere Möglichkeit an. Es gibt Kinder, die nicht in ihre Klasse passen, weil sie unter- oder überbegabt sind. Oft merken die Erwachsenen nicht, wenn ein Kind überbegabt ist, weil es vom Stoff so gelangweilt ist, dass es nicht mitmacht und dann schlechte Noten bekommt. In einem solchen Falle käme auch das Überspringen einer Klasse in Frage.

Falls Ihr Kind nach einem Schulwechsel weiterhin einige der auf Seite 24 f. beschriebenen Trauma-Symptome zeigt, fahren Sie in der Unterstützung Ihres Kindes wie in diesem Buch beschrieben fort, richten aber andererseits auch den Blick nach vorn. In der neuen Umgebung kann alles anders und besser werden. Versuchen Sie, ohne Druck und Vorhaltungen, Ihrem Kind zu mehr Selbstvertrauen und sozialer Kompetenz zu verhelfen. Ermutigen Sie Ihr Kind, in Zukunft schwierige Situationen zu besprechen und Vorfälle, in denen es sich bedrängt, geärgert oder verletzt fühlt, sofort zu melden, damit sich nicht wieder Mobbing entwickelt.

Die Polizei einschalten

Daneben gibt es auch Fälle, in denen die Polizei eingeschaltet werden sollte. Dies ist der Fall, wenn eine Straftat begangen wurde, zum Beispiel:

- Wenn Waffen im Spiel sind.
- Wenn eine Gewalttat geschehen ist oder wenn es Anzeichen dafür gibt, dass eine Gewalttat (ein Versuch, jemanden zu verletzen oder gar zu töten, ein Amoklauf und Ähnliches) geplant ist. Dies kann eine konkrete Morddrohung sein oder auch nur eine »vage« Anspielung.
- Bei Vandalismus, Beschädigung und Diebstahl von Eigentum.
- Wenn zu gesetzeswidrigen Taten aufgerufen wird (zum Beispiel im Internet).
- Wenn nationalsozialistische, rassistische oder beleidigende Parolen benutzt werden.
- Wenn zu Aktionen gegen den demokratischen Staat aufgerufen wird.
- Wenn Drohungen oder Verleumdungen durch Anrufe, E-Mails oder das Internet weitergegeben werden.

Man sollte sich keineswegs scheuen, die Polizei einzuschalten, wenn Gefährdungen vorherzusehen sind.

Je nachdem, wie akut die Bedrohung ist, sollten Sie entweder sofort den Notruf (110) anrufen oder die nächste Polizeidienststelle, um eine Anzeige zu erstatten. Geben Sie bitte so viele Informationen, wie Sie haben. Nennen Sie Namen oder stellen Sie eine Anzeige gegen Unbekannt.

Sie sollten wissen, dass die Polizei grundsätzlich dazu verpflichtet ist, Straftaten, über die sie informiert wird, zu verfolgen. In vielen Bundesländern gibt es Opferschutzbeauftragte, die sich einfühlsam um die Belange von Kriminalitätsopfern kümmern. Daneben hat die Polizei noch eine andere wichtige Funktion, nämlich die Verhinderung von Kriminalität (Prävention). Bitten Sie um Rat, wie sich Ihr Kind vor erneuten Angriffen schützen kann. Zu diesem Thema gibt es auch eine Kinderseite auf der polizeieigenen Internetseite (siehe S. 126). Zudem bietet die Polizei sehr effektive Anti-Gewalt-Programme in Schulen an. Eine Anzeige lohnt in jedem Fall. Jede gemeldete Gewalttat fließt in die Statistik ein, die dem jeweiligen Landeskriminalamt hilft, zu entscheiden, welche Präventionsmaßnahmen betrieben werden. Und selbst, wenn sich am Ende herausstellt, dass die Drohungen nicht ernst gemeint waren, so weiß man vorher doch nie, wie ernst es den Tätern ist. Zudem lassen Täter erfahrungsgemäß von ihren Opfern ab, wenn sie in Kontakt mit der Polizei kommen. Möglicherweise schreckt Ihr mutiges Vorgehen sogar andere Täter ab, die so zwar nie in Erscheinung treten, die aber sonst großen Schaden angerichtet hätten.

Typische Mobbing-Fälle

In diesem Kapitel finden Sie typische Situationen, in denen Kinder ausgegrenzt, gemobbt, bedroht oder erpresst werden. Sie können dabei sehen, welche unterschiedlichen Umstände zu dieser Situation führen können, welche Formen des Mobbings Kinder anwenden, wie sich betroffene Kinder verhalten und wie die Eltern reagieren können.

Mobbing-Fall 1

Robert (8) geht in die zweite Klasse und fährt nach der Schule mit dem Bus nach Hause. Im Bus fahren auch zwei Brüder, David (8) und Johannes (11). Die beiden haben Robert schon öfter geärgert, Kommentare über seine Kleidung oder sein Aussehen abgegeben, ihn bedrängt und gezwickt. Eines Tages kommt Robert nach Hause und erzählt: »Ich bin heute verprügelt worden und es hat mir Spaß gemacht.« Seine Mutter ist entsetzt: »Wie, das hat dir Spaß gemacht? Was ist denn passiert?« Es ist schwierig, genaue Informationen aus Robert herauszubekommen, aber am Ende stellt sich die Mutter den Sachverhalt so vor: David und Johannes haben gestritten und Robert hat zu David gesagt: »Lass doch deinen Bruder in Ruhe!« Daraufhin wandten sich beide Brüder Robert zu, zwickten ihn und zogen ihn am Ohr. Robert wehrte sich, sagte: »Lasst das«, und versuchte, die Angreifer mit angezogenen Knien abzuwehren und schubste David dabei nach hinten. Daraufhin bekam er zwei Ohrfeigen von David. Weil er nicht weinen wollte, lachte Robert. Vielleicht schrie er auch oder quietschte, auf jeden Fall wurde der Busfahrer aufmerksam und rief ihn zur Ordnung. Er solle sich ordentlich hinsetzen und nicht so einen Krach machen. Die Aggression der beiden Brüder hatte er anscheinend nicht mitbekommen.

Auch wenn Kinder »richtig« auf Übergriffe reagieren, können sie zum Opfer werden.

Roberts Mutter ist ziemlich fassungslos. Robert hat eigentlich alles richtig gemacht, er hat nicht still zugesehen, als andere stritten. Er hat sich verbal gewehrt (»Lasst das!«). Sehr schlimm findet sie, dass er das Mobbing so hinnimmt. Seine Strategie scheint, so zu tun, als mache es Spaß. Daher erklärt sie Robert, dass sie Zwicken und Schlagen ganz schlimm findet und nicht möchte, dass er so behandelt wird. Sie verspricht, etwas zu tun. Die beiden besprechen auch, wie Robert das nächste Mal reagieren könnte.

Einige Tage später gelingt es ihr endlich, mit dem Vater von David zu sprechen. Der scheint den Vorfall zwar nicht ganz so ernst zu nehmen, aber er willigt ein, mit seinen Söhnen zu sprechen, und schlägt vor, dass sich alle Beteiligten zusammensetzen, falls es noch einmal zu einem ähnlichen Vorfall kommen sollte. Zusätzlich schlägt die Mutter auf Schulebene vor, die Schüler, die mit dem Bus fahren, zu einem Anti-Mobbing-Seminar einzuladen.

Roberts Mutter geht konsequent gegen den ersten Mobbing-Vorfall vor und verhindert dadurch eine Eskalation.

Mobbing-Fall 2

Dieser Fall hat sich an der achten Klasse eines Gymnasiums zugetragen. Die Klassenatmosphäre war denkbar schlecht, seitdem zwei neue Schülerinnen in die Klassengemeinschaft aufgenommen worden waren. Beide, Angelika und Eliane, waren an ihrer alten Schule befreundet gewesen, hatten sich jetzt aber auseinander gelebt. Angelika lernte bald neue Freundinnen kennen und hatte daher nur noch wenig Zeit für Eliane. Eliane reagierte mit Eifersucht und versuchte, Angelika die Freundinnen auszuspannen. Dazu war sie erst nett zu einzelnen Mädchen, ließ sie dann aber fallen und lästerte hinter ihrem Rücken über sie. Dieses Intrigieren nahm so schlimme Formen an, dass ein Mädchen, Claudia, weinend nach Hause kam und ihren Eltern erzählte, dass sie nie wieder in die Schule gehen wolle. Schließlich schrieben die Mädchen der Klasse einen anonymen Brief an die Lehrerin, in dem sie sich über das Verhalten Elianes beschwerten.

Die Geschichte mag sich zunächst verworren anhören, sie ist jedoch sehr typisch für »Mädchen-Mobbing«. Es gibt keine klaren Gewaltanwendungen und auch keine klaren Mobber. Üble Nachrede, Gerüchte und Intrigen prägen die Atmosphäre und alle Beteiligten leiden. Claudia, die ihren Eltern weinend

»Mädchen-Mobbing« hat ganz spezifische Ausformungen – Intrigieren und Gegeneinander-Ausspielen sind zentrale Verhaltensmuster.

erzählte, sie wolle nicht mehr in die Schule, war »Opfer«, aber auch Eliane fühlte sich durch die allmähliche Ablehnung der Kameradinnen und schließlich durch den anonymen Brief gemobbt.

In unserem Fall konnte die Situation deutlich entschärft werden. Die Eltern von Claudia sprachen mit der Lehrerin, die ja bereits durch den anonymen Brief gewarnt war. Sie bot Eliane und Angelika ein Gespräch mit Konfliktlotsen, also eine Mediation (Streitschlichtung), an. Beide erklärten sich bereit, diesen Schritt zu versuchen. Claudia, die so unter dem Verhalten von Eliane gelitten hatte, brauchte nicht an der Mediation teilnehmen, da klar war, dass der Konflikt eigentlich zwischen Angelika und Eliane, den einstigen Freundinnen, bestand. Während der Mediation wurde beiden Mädchen Gelegenheit gegeben, ihre Situation zu schildern. Es zeigte sich, dass Eliane sich durch Angelikas Abwendung sehr verletzt fühlte. Auch von den anderen Mädchen in der Klasse fühlte sie sich abgelehnt und so hatte sie versucht, sie gegeneinander auszuspielen, um Zwietracht zu säen. Sie wäre aber gern mit allen gut ausgekommen. Angelika wiederum hatte nichts gegen Eliane, wollte aber einfach den Freiraum haben, auch mit den neuen Freundinnen Zeit zu verbringen. Sie fand das Verhalten von Eliane nicht in Ordnung. Schließlich wurden einige Punkte aufgeschrieben, die dafür sorgen sollten, dass es in Zukunft keine Ausgrenzungen und Intrigen in der Klasse mehr geben würde. Eliane und Angelika beschlossen, sich einmal pro Woche zu treffen und gemeinsam etwas zu unternehmen. Eliane versprach, sich bei einzelnen Mädchen für ihr Verhalten zu entschuldigen. Außerdem wurde gemeinsam beschlossen, das Thema »Mobbing« im Unterricht zu besprechen und allgemeine Klassenregeln aufzustellen.

Wenige Wochen später hatte sich die Atmosphäre in der Klasse bedeutend gebessert und auch Claudia, die sich bei ihren Eltern beschwert hatte, ging wieder gern in die Schule.

Mobbing-Fall 3

Welch große Probleme Edgar (13) hatte, zeigte sich erst, als die Schulpsychologin sich seines Falles annahm. Edgar war schon seit drei Jahren auf dem neuen internationalen Gymnasium, als er sich zum ersten Mal beim Lehrer »beschwerte«. Jemand hatte in seinen Ranzen eine stinkende Flüssigkeit geschüttet, die mehrere Bücher verdorben hatte. Zunächst reagierte der Lehrer nicht. Als sich aber Edgars bester Freund, Marius, nochmals an den Lehrer wandte und erzählte, dass Edgar wirklich sehr verstört sei und dass er auch sagen könne, wer die Flüssigkeit in den Ranzen geschüttet habe, schaltete der Lehrer eine Schulpsychologin ein, die der Schule gerade zur Verfügung stand.

Die Schulpsychologin ließ sich die Namen der vermeintlichen Übeltäter nennen: Luiz und Henry. Sie lud beide zu sich und erzählte von Edgars Beschwerde. Die beiden leugneten nicht, versuchten aber, den Vorfall zu bagatellisieren: Das war doch nicht schlimm, nur ein Spaß! Die Schulpsychologin schüttelte den Kopf. Das sei kein Spaß, entgegnete sie, das sei Mobbing. Beide Schüler reagierten entsetzt. Nein, das wäre doch kein Mobbing, wehrten sie ab. Sie versprachen, sich zu entschuldigen und so etwas nicht wieder zu tun. Dennoch forderte die Schulpsychologin die beiden Schüler auf, zusammen mit Edgar eine Mediation zu versuchen.

Auch mit Edgar unterhielt sich die Schulpsychologin und erfuhr, dass der Vorfall mit dem Ranzen kein Einzelfall war. Edgar war, seitdem er neu in die Schule gekommen war, geärgert worden. In letzter Zeit hatte er auch anonyme Anrufe bekommen. Die Mutter konnte diese Vorfälle bestätigen. Sie war erleichtert, dass sich endlich einmal jemand um die Probleme ihres Sohnes kümmerte. Sie hatte schon die ganze Zeit gewusst, woher die anonymen Anrufe kamen – die Nummer war im Display gespeichert. Aber Edgar hatte sie inständig

Auch wenn Eltern vom Mobbing wissen, handeln sie manchmal nicht, weil ihr Kind es auf keinen Fall will.

gebeten, nichts zu tun und auf keinen Fall der Schule die Anrufe zu melden.
Im Übrigen, erzählte die Mutter der Schulpsychologin, werde ihr Sohn schon seit Jahren gequält. Er sei still und passiv, wisse sich nicht zu wehren. Außerdem geschehen die Übergriffe meist nach der Schule oder auf dem Parkplatz, auf dem die Lehrer keine Aufsicht haben, sodass bisher anscheinend noch niemand etwas bemerkt habe.
Inzwischen war der Termin bei den Konfliktlotsen herangekommen, doch Edgar und Henry warteten vergeblich auf Luiz, ohne den eine Mediation keinen Sinn machte.
Die Schulpsychologin beschloss daher, die Eltern von Luiz einzuschalten. Leider reagierte Luiz' Vater sehr schroff und versuchte, der Schulpsychologin eine Abfuhr zu erteilen. Wegen solcher Lausbubenstreiche solle sie nicht so ein Aufhebens machen. Sein Sohn sei ein ganz normaler Junge, der nichts Böses im Sinn habe.
Die Schulpsychologin ließ sich jedoch nicht einschüchtern, sondern erklärte, dass solche Jungenstreiche keine Kleinigkeiten seien. Es hätten sich Kinder und Jugendliche schon wegen ganz anderer »Streiche« vor Verzweiflung das Leben genommen. Sie wolle nicht sagen, dass Edgar dies tun werde, sie nehme aber seine Beschwerden ernst und müsse die Taten von Luiz und Henry als »Mobbing« bezeichnen.

Manche Eltern wollen nicht wahrhaben, dass ihr Kind mobbt.

Obwohl der Vater sich noch immer gegen die »Verunglimpfung« seines Sohnes als Mobber wehrte und sogar versuchte, der Schulpsychologin mit rechtlichen Konsequenzen zu drohen, hatte die Ankündigung der Schulpsychologin, sie werde, falls Luiz nicht zur Mediation komme, eine Klassenkonferenz einberufen, Erfolg: Beide Mobber erschienen zum nächsten Termin.
Die Mediation führte zwar nicht zur großen »Aussöhnung«, aber es konnte erreicht werden, dass weder Luiz noch Henry weitere Aktionen gegen Edgar durchführten. Auch die anonymen Anrufe hörten auf.

Mobbing-Fall 4

Manchmal hört das Mobbing auch nicht auf, wenn die Mobber die Schule verlassen.

Simon wurde seit der siebten Klasse gemobbt. Er wurde unter anderem geohrfeigt, geschlagen, geboxt, beschimpft, mit Essensresten beworfen, mit Parfum überschüttet, seine Sachen wurden in den Mülleimer geschmissen oder im Raum verteilt. Dazu kamen Drohungen: »Heute bist du dran.« Bei Sport und Spielen wurde er ausgeschlossen: »Hau ab, mit dir spielen wir nicht.«

Das Mobbing ging primär von wenigen Schülern aus, es beteiligten sich aber manchmal auch andere, und niemand half ihm je. Nur selten vertrauten sich Einzelne ihm an und sagten: »Ich finde es nicht richtig, was sie mit dir machen.«

Endlich beschloss Simon, der Klassenlehrerin von den Schikanen zu erzählen. Die Lehrerin rief die Jungen der Klasse zu sich und besprach sich mit ihnen, wonach sich allerdings keine Besserung einstellte. Simon ging zum Schulleiter. Der nahm sich die vier Jungen vor, von denen das Mobbing ausging, und erteilte ihnen Verweise. Einer der Jungen wurde schließlich wegen dieses Vorfalls und zusätzlicher Delikte von der Schule verwiesen. Danach wurde es aber für Simon noch schlimmer, da nun die ganze Klasse in ihm den Schuldigen für den Schulverweis sah.

Trotz allem gab Simon nicht auf. Zum einen hatte er Unterstützung in der Familie, er hatte Freunde durch Sportvereine außerhalb der Schule, und schließlich hatte er Freude am Lernen und machte Pläne für seine Zukunft.

Allerdings zeigte er auch typische Symptome von Mobbing-Opfern: So suchte er nach Gründen für das Mobbing bei sich und überlegte, ob sein Aussehen das Mobbing ausgelöst haben könnte. Für so »cool« wie die anderen Jungen seiner Klasse hielt er sich nicht. Sein Selbstvertrauen litt und zeitweilig sanken seine schulischen Leistungen, die früher immer sehr gut gewesen waren. Schließlich redete er mit seinen Eltern, und die Familie beschloss gemeinsam, einen Antrag auf Umschulung zu stellen. Dadurch wurde schließlich die Schulaufsicht eingeschaltet, die Simon zu mehreren Gesprächen einlud, wo er die Gelegenheit bekam, seine Situation zu schildern. Diese Gespräche taten ihm gut, allerdings war seinem Empfinden nach die Situation zu weit gegangen und er wollte nun wirklich in eine andere Klasse in einer anderen Schule, was ihm schließlich ermöglicht wurde.

(Dokumentiert in: *Verlässliches Miteinander. Erfahrungen und Ideen zur Zusammenarbeit an Schulen*, herausgegeben von Bettina Schubert und dem Berliner Institut für Lehrerfort- und -weiterbildung und Schulentwicklung 1998, S. 1ff.).

Mobbing-Fall 5

Auch Lehrer können gelegentlich die Täter sein.

In diesem Fall war es ein Lehrer, der die ganze Klasse beleidigte und einzelne Schüler gezielt schikanierte oder demütigte. So benutzte er wiederholt vulgäre Ausdrücke, bedachte einzelne Schüler mit Namen wie »Wirbelloser« oder »Schwanzlurch«, machte häufig sexuelle Anspielungen wie »Gummis raus!« und empfahl einem Schüler, sich in Therapie zu begeben.

Es waren schließlich die Eltern, die ihn verklagten. Die Disziplinarkammer des zuständigen Verwaltungsgerichtes verurteilte dieses Fehlverhalten als verwerfliches Dienstvergehen gemäß § 40 Abs. 1 LBG.

(Dokumentiert in: *Verlässliches Miteinander. Erfahrungen und Ideen zur Zusammenarbeit an Schulen*, herausgegeben von Bettina Schubert und dem Berliner Institut für Lehrerfort- und -weiterbildung und Schulentwicklung 1998, S. 94 f.).

Mobbing-Fall 6

Der 18-jährige M. hatte nach mehreren Verstößen gegen die Schulordnung ein Hausverbot für seine Schule erhalten. Trotzdem betrat er das Schulgelände und bedrohte dort einen anderen Schüler namens Öger. Er verlangte die Übergabe von dessen Walkman und zog sogar eine (angabegemäß ungeladene) Pistole. Dennoch überreichte ihm Öger lediglich eine Kassette.
Anschließend ging M. auf einen weiteren Schüler zu und verlangte dessen Walkman, wiederum mit gezogener Pistole. Dieses Mal erhielt er den Walkman.
Schließlich kam eine Lehrerin vorbei und geleitete M. vom Schulgelände. Dabei beleidigte M. die Lehrerin und drohte, sie umzubringen.
Einige Zeit später traf M. den Schüler Öger in der Stadt und verlangte wegen angeblich nicht bezahlter Schulden 200 DM. Andernfalls werde er ihn »abstechen«. Öger hatte jedoch kein Geld dabei und verschob die Geldübergabe daher auf den nächsten Tag.

Manchmal muss gerichtlich vorgegangen werden.

Auch dieser Fall hatte ein gerichtliches Nachspiel für den gewaltbereiten Schüler.
M. wurde wegen Beleidigung, Bedrohung, Hausfriedensbruch und der versuchten räuberischen Erpressung angeklagt. Das Gericht wandte wegen erwiesener »Reifeverzögerung« und vor dem Hintergrund der schwierigen familiären und sozialen Lage des Heranwachsenden das Jugendstrafrecht an und verhängte einen Dauerarrest von drei Wochen. Ferner wies es ihn an, sechs Freizeitarbeiten abzuleisten.

(Dieser Fall ist dokumentiert in: *Gewalt tolerieren fördert Gewalt*, herausgegeben von der Senatsverwaltung für Bildung, Jugend und Sport, Berlin 2003, S. 95ff.).

Schnellübersicht: Intervention bei Mobbing

Wenn Sie dieses Buch systematisch durchlesen, investieren Sie viel Zeit und machen sich intensive Gedanken. Doch nicht immer hat man so viel Zeit – manchmal muss man schnell reagieren. Im Folgenden möchte ich einige kurze Tipps geben für den Fall, dass Sie dabei sind, wenn Ihr oder ein anderes Kind gequält, verletzt oder gemobbt wird.

Akute Hilfe:

Nicht wegsehen, sondern eingreifen – das ist das Wichtigste, wenn Erwachsene Mobbing beobachten.

- Sofort eingreifen und dazwischen gehen! Mobbing schnellstens beenden.
- Klarstellen: Gewalt und Mobbing sind nicht in Ordnung!
- Die Aufmerksamkeit gilt dem Opfer, nicht dem Täter (Schuldfrage vermeiden).
- Wenn nötig, weitere Hilfe holen (Notarzt).
- Für später: Sich merken, wer wo was gesehen hat oder gleich notieren.

Wenn ein unbeteiligtes Kind (»Informant«) über Mobbing berichtet:

- Fragen stellen:
  Was genau ist passiert?
  Wer macht mit?
  Wer versucht zu helfen?
  Wer weiß Bescheid?
  Welche Gründe gibt es für die anderen, mitzumachen?
  Notizen machen!
- Eventuell versprechen, Informanten nicht zu nennen, aber über nächste Schritte nachdenken.

Gespräch mit dem »Opfer«:

- Behutsam vorgehen, Verständnis zeigen (auf Scham und/oder Angst gefasst sein).
- Zu nichts drängen (zum Beispiel zu einer Anzeige, Gegenüberstellung usw.).
- Warum-Fragen (»Warum hast du niemandem was gesagt/ Hilfe geholt?«) vermeiden.
- Erklären, dass Mobbing gemein ist und unverdient (aber nicht den Täter direkt verurteilen).
- Informationen sammeln: Wer? Wie? Wann? Möglichst mindestens eine konkrete Mobbing-Handlung mit genauer Zeitangabe und Zeugen notieren. Notizen machen.
- Überlegen, wer noch informiert werden sollte (andere Eltern, Lehrer, Ärzte usw.).
- Situation analysieren, Ziele formulieren.
- Opfer für Kooperation danken (wichtig!), besprechen, wie es weitergehen soll.

Gespräch mit Tätern (und »Mitläufern«) – am besten sollten dies Lehrer tun:

- Das »Problem« neutral darlegen, zum Beispiel: »Wir haben gehört, dass es Schwierigkeiten zwischen dir und Max gibt. Kannst du mir erzählen, was da los ist?«
- Wenn der Täter Verantwortung übernimmt: Kompensation überlegen. »Rückweg« anbieten.
- Wenn der Täter leugnet: mit den vorliegenden Fakten konfrontieren: »Das ist sehr schlimm! Wir nennen das Mobbing. So etwas darf auf keinen Fall noch einmal vorkommen! Hast du das verstanden?«
- Täter bei der Lösung mit einbeziehen: »Was kannst du tun, damit in Zukunft kein Mobbing mehr passiert?«

- Versprechen abnehmen, in Zukunft nicht mehr zu mobben (eventuell schriftlichen Vertrag machen).
- Erklären, dass die Situation im Auge behalten wird, eventuell Nachbesprechung terminieren.

Danach:

Keinesfalls darf am Ende – oder nach einiger Zeit – doch wieder alles beim Alten bleiben.

- »Aufarbeitung« ermöglichen (Opferhilfe, Psychologen, Sozialarbeiter usw. einschalten).
- Gespräch mit den Eltern der Täter: Problem wertneutral erklären, weder das Kind als schlecht hinstellen noch den Eltern die »Schuld« geben; im Blick auf gemeinsames Vorgehen die Eltern um Hilfe und Mitarbeit bitten. Überlegen, wie das Selbstbewusstsein des Kindes gestärkt werden kann, wie alternative Strategien entwickelt werden können, inwieweit Schadensausgleich (Kompensation, Entschuldigung usw.) sinnvoll ist.
- Schulklasse über Mobbing informieren, alternative Konfliktstrategien trainieren, bzw. Regeln/Klassenverfassung/Kummerkasten erarbeiten, Gemeinschaftsgefühl stärken.
- Das Selbstvertrauen der Einzelnen stärken.
- Auf Schulebene: Klassen-/Elternkonferenz, Konfliktlotsenprogramm, Schulregeln, Schülerpatenschaften, Schülergerichte, Informationsveranstaltungen, Pausenaufsichten verstärken, Schullandschaft (zum Beispiel Toiletten und verlassene Ecken) umgestalten, Konsequenzen für Mobbing einführen.
- Termin ansetzen, um zu prüfen, ob das Mobbing tatsächlich aufgehört hat. Die Opfer dürfen nicht die Lehre ziehen, dass am Ende doch alles beim Alten bleibt!

Mobbing-Prävention

Selbstsichere Kinder werden seltener Opfer von Mobbing als schüchterne, zurückgezogene Kinder oder Einzelgänger. Daher gilt es, das Selbstbewusstsein des Kindes zu stärken. Darüber hinaus gibt es weitere Maßnahmen, mit Hilfe derer das Risiko, Opfer von Gewalt zu werden, verringert werden kann. Konstruktive Kommunikationstechniken und ein respektvoller, das Kind stärkender Umgang miteinander im heimischen Bereich spielen dabei eine wichtige Rolle.

Das Kind stärken

Selbstsichere Kinder sind vor Gewalterfahrungen eher gefeit.

Wir haben bereits gesehen, dass Kinder ein geringeres Risiko haben, Opfer von Gewalt und Mobbing zu werden, wenn sie
- selbstsicher sind,
- effektive Strategien besitzen, um mit aufkommenden Konflikten umzugehen,
- über Mobbing Bescheid wissen,
- mit ihren Eltern über das Thema Mobbing reden,
- eine Klasse besuchen, in der die Atmosphäre gut ist, alle Kinder sich respektiert fühlen und in der es klare Regeln gegen Mobbing gibt,
- Lehrer haben, die sich verantwortlich fühlen und eingreifen, wenn Kinder schikaniert werden,
- in eine Schule gehen, in der Mobbing nicht unter den Tisch gekehrt wird und in der Mechanismen gegen Gewalt eingeführt wurden (Konfliktlotsen, Konsequenzen für Mobbing, Anti-Gewalt-Trainings usw.).

Auf einige dieser Faktoren haben Sie mehr Einfluss, auf andere weniger. Auf Seite 70 f. wurde bereits beschrieben, wie Sie das Selbstvertrauen Ihres Kindes stärken können. Je selbstsicherer Ihr Kind ist, umso größer ist seine Chance, ohne Gewalterfahrung durchs Leben zu gehen. Im Folgenden finden Sie weitere Anregungen, was Sie zur Prävention von Mobbing tun können.

Zu Hause

Zum einen sollten Kinder über Mobbing und Gewalt Bescheid wissen. Solches Wissen verhindert, dass Kinder überrascht werden, Schikanen gleich persönlich nehmen und sich vor Scham nicht zu wehren wagen. Wir haben bereits gesehen, dass Kinder, die mit ihren Eltern über Mobbing reden, seltener von

Mobbing betroffen sind als Kinder, die über solche Themen zu Hause nicht reden. Sie können die Informationen in diesem Buch zum Ausgang nehmen oder auch andere Bücher oder Medienberichte mit Ihren Kindern diskutieren.
Wenn Ihr Kind gern liest, schlagen Sie ihm doch einmal ein Buch zum Thema vor. Für ganz kleine Kinder eignen sich Märchen wie das vom hässlichen Entlein, das ja von seinen angeblichen Geschwistern ganz schön gequält wurde.
Kinderbücher zum Thema Mobbing gibt es zum Beispiel von Annika Holms, Elisabeth Zöller und der Polizei (siehe Anhang, S. 127). Eine andere Möglichkeit, mit Ihren Kindern ins Gespräch zu kommen, ist die Frage, wann Mobbing eigentlich beginnt. Reden Sie auch davon, dass die allermeisten Menschen manchmal andere herabsetzen – oder können Sie von sich selbst behaupten, dass Sie noch nie einen vielleicht unsympathisch wirkenden Menschen verletzt, herabgesetzt oder kühl behandelt hätten? Auch Kinder sollten darüber nachdenken, wie ihr Verhalten auf andere wirkt.

Reden Sie zu Hause über Mobbing und Gewalt.

Weitere Diskussionsthemen

Wenn Ihre Kinder alt genug sind, reden Sie auch über folgende Themen:

- Warum gibt es Menschen, die anständig und fair bleiben, auch wenn sie selbst unfair behandelt werden? Kennst du solche Menschen? Was macht diese Menschen aus?
- Was bedeutet »persönliche Integrität« (guter Charakter) für dich?
- Es ist für Kinder ganz wichtig, zu einer Gruppe dazuzugehören. Wenn die Gruppe Dinge tut, die nicht okay sind, machen sie trotzdem mit – kannst du das verstehen? Ist dir das schon mal passiert? Welche anderen Möglichkeiten gibt es noch?

Gruppendruck ist auch ein Thema, über das man mit Kindern offen und frühzeitig reden sollte.

- Wie kann es passieren, dass Menschen nicht helfen, wenn andere in Not sind? (Bestimmt wollen viele Menschen helfen, aber oft denkt man: »Es sind ja andere da, die sollen was tun, warum ich?«)
- Kinder, die gemobbt werden, verheimlichen ihren Schmerz oft. Sie leiden jeden Tag, aber erzählen zu Hause nicht davon. Kannst du das verstehen? Was könnten sie tun?
- Was würdest du raten, wenn eine Freundin/ein Freund von dir gemobbt würde?
- Gibt es Kinder in deiner Klasse, die nicht sehr beliebt sind? Warum ist das so? Kann man ihnen irgendwie helfen?

Konflikte lösen – richtig kommunizieren

Wer Konflikte lösen will, muss erst einmal richtig kommunizieren, damit der andere auch das versteht, was wirklich gemeint ist.

Man kann davon ausgehen, dass jede Kommunikation (sei es eine Mitteilung, eine Frage, eine Bitte oder auch nur ein Gruß) ein Angebot von der kommunizierenden Person an die zuhörende Person ist, etwas zu verstehen. Leider kommt aber nur ein Bruchteil aller Kommunikationsversuche so an, wie sie gemeint waren. Bei genauerem Hinsehen schleichen sich fast jedes Mal, wenn zwei Menschen zusammentreffen, Missverständnisse ein. Man unterschiebt der sprechenden Person eine Intention, die sie nicht hatte, man »verhört« sich, man bezieht Dinge auf sich, man meint einen abweisenden Ton herauszuhören – und schon ist ein Konflikt da! Ein kleines Beispiel soll hier genügen:

Das Kind sagt zur Mutter beim Frühstück: »Es ist keine Milch mehr da.« Die Mutter antwortet: »Kannst du nicht auch mal aufstehen? Du lässt dich den ganzen Tag bedienen!«

Überlegen Sie einmal, was das Kind gemeint haben könnte. Wie hat die Mutter den Satz verstanden?

Richtiges Kommunizieren lässt sich erlernen. Die Prinzipien, die ich Ihnen kurz vorstellen will, sind leicht zu verstehen, doch sie anzuwenden erfordert einige Übung. Wem dies aber gelingt, der wird bald besser mit anderen Menschen auskommen.

- Konflikte werden meist nur schlimm, wenn man ihnen aus dem Weg geht! Sie können aber eine große Chance darstellen, Kommunikation, die nicht funktioniert, zu reparieren und besser als bisher weiterzumachen.
- Wenn ein Konflikt durch den »Sieg« der einen Partei gewonnen wird, ist zwangsläufig die andere Partei in der Verliererposition. Gewinner und Verlierer sind aber nicht dafür bekannt, dass sie besonders gut miteinander auskommen. Wer mit der Person, mit der man im Streit ist, später noch weiter befreundet sein will, sollte umdenken: Wie können beide Parteien gewinnen?
- Um beiden Parteien das Gefühl des Gewinnens zu geben, müssen beide Parteien sich gehört, respektiert und verstanden fühlen. Daher müssen beide Parteien auch aktiv zuhören (siehe unten).
- Wenn man die eigenen Argumente mit Schimpfwörtern oder lautem Schreien begleitet, werden sie vom Gegenüber nicht gehört. Damit man von den anderen gehört und verstanden wird, muss man die eigene Position so formulieren, dass sich die andere Partei nicht beschimpft oder gedemütigt fühlt. Am besten tut man dies durch »Ich-Sätze« (siehe S. 110).
- Wenn ein Konflikt eskaliert, wenn also die andere Seite immer wütender wird, kann man den Konflikt de-eskalieren, indem man der anderen Seite das Gefühl gibt, wahrgenommen zu werden. Diese Technik heißt »Spiegeln« (siehe S. 110).

Was bedeutet aktives Zuhören?

- Sie schauen den Sprecher an und signalisieren so, dass Sie bereit sind zuzuhören. Auch Ihre Körperhaltung drückt Offenheit aus (leicht vorgebeugt, keine verschränkten Arme).

- Sie konzentrieren sich auf das Gesagte und schalten so gut es geht Ihre eigenen Gedanken zum Thema aus.
- Sie ermutigen durch Nicken oder Bemerkungen wie »Ach so« oder »Ja, ich verstehe« zum Weiterreden.
- Sie stellen eventuell Fragen zum besseren Verständnis: »Wie ging es dir dabei?«, »Was hast du dann gemacht?«
- Sie interessieren sich auch für die Gefühle, die der Sprecher hat oder hatte. Fragen Sie gegebenenfalls nach: »Mensch, wie hast du dich denn da gefühlt?«

Aktives Zuhören ist eine Haltung, die in ehrlichem Interesse am Gegenüber wurzelt.

Die »Technik« des aktiven Zuhörens (es ist eigentlich keine Technik, sondern eher eine Haltung, die in ehrlichem Interesse am Gegenüber wurzelt) ist relativ leicht anzuwenden, wenn andere Menschen interessante Geschichten erzählen. Schwieriger wird es, wenn Sie sich mit jemandem streiten und ganz von Ihren eigenen Gefühlen ausgefüllt sind. Doch gerade dann – in Konfliktsituationen – ist aktives Zuhören am nützlichsten. Denn nur durch aktives Zuhören wird es Ihnen gelingen zu verstehen, worum es der anderen Seite geht, und eine Lösung des Konflikts herbeizuführen.

Ich-Sätze

Damit sind Sätze gemeint, in denen die Sprecher ihre eigenen Gefühle ausdrücken. Es werden also keine Anschuldigungen oder verallgemeinernden Bemerkungen gemacht (»Du Idiot, pass doch auf! Immer trittst du mir auf die Füße!«), sondern der Sprecher sagt, wie es ihr oder ihm geht: »Au, das hat wehgetan.« Oder: »Ich möchte nicht, dass meine neuen Schuhe Flecken kriegen.« Während die angesprochene Person bei Beschuldigungen sofort defensiv reagiert und zum Gegenschlag ausholt, braucht sie sich bei Ich-Sätzen nicht zu verteidigen. Vielmehr kann sie tatsächlich »hören«, worum es der anderen Seite geht.

Spiegeln

Das Ziel ist immer, die Eskalation zu vermeiden und stattdessen über Interessen und Bedürfnisse zu reden.

Dies ist neben dem aktiven Zuhören und dem Formulieren von Ich-Sätzen die dritte Technik, die hilft, Konflikte zu entschärfen. Wer spiegelt, wiederholt das, was die andere Person gesagt hat, mit eigenen Worten. Was hat die Person gesagt, was fühlt sie?

Wenn ich eine Vermutung äußere: »Du scheinst ja wirklich wütend zu sein ...«, gebe ich zu verstehen, dass ich zugehört und mir Gedanken gemacht habe. Der Sprecher kann jetzt aufatmen und sagen: »Genau so ist es!« Oder: »Nein, es geht mir eher darum, dass ...«

Eines der größten Probleme bei Streitigkeiten ist, dass beide Parteien nur ihre eigene Position vertreten und nicht auf die andere Seite eingehen. So schreien beide weiter, weil sie erst aufhören können, wenn sie sich gehört fühlen. Durch Spiegeln kann man diesen Kreis der Eskalation einfach unterbrechen – mein Gegenüber fühlt sich gehört und kann endlich auch mir zuhören.

Das alles ist sehr theoretisch. Auf der folgenden Seite finden Sie einige praktische Beispiele, um zu zeigen, worum es geht. Es sind zunächst typische Situationen, wie sie zu Hause auftauchen, um Ihnen zu zeigen, wie aktives Zuhören und Spiegeln funktionieren können.

Viele Menschen tendieren dazu, die Bemerkungen von anderen als persönliche Angriffe zu interpretieren, und reagieren dementsprechend defensiv (nicht zu empfehlen). Wer sich jedoch fragt, welches Gefühl oder Bedürfnis hinter den Aussagen steckt, kann verständnisvoll antworten.

In der zweiten Tabelle auf S. 113 gebe ich einige Beispiele aus der Schule. Diskutieren Sie die Antworten doch einmal mit Ihrem Kind und erklären Sie ihm dabei das Prinzip des aktiven Zuhörens. Regen Sie es an, in Zukunft auch immer die »andere Seite« anzuhören.

Zu Hause

Sich nicht provozieren lassen – das müssen auch Eltern oft erst lernen.

Ihr Kind sagt:	Sie sagen lieber nicht:	Sie könnten sagen:
»Schon wieder Pizza? Kannst du nicht mal was anderes kochen?«	»Wenn es dir nicht passt, koch doch selber!«	»Es tut mir Leid, wenn du enttäuscht bist. Lass uns doch nachher darüber reden, wie wir das mit dem Essen besser organisieren können.«
»Was, wir bleiben in den Sommerferien zu Hause? Das ist doch nicht dein Ernst! Alle meine Freunde fahren weg!«	»Wir sind aber nicht alle deine Freunde. Oder weißt du, wo wir das Geld hernehmen sollen?«	»Ja, das ist blöd, was? Ich würde auch gerne wegfahren! Aber vielleicht fällt uns ja noch etwas Schönes ein, was wir trotzdem unternehmen können …«
»Du bist ein Arschloch!«	»So redest du nicht mit mir!«	»Ich verstehe, dass du richtig wütend bist. Aber ich möchte nicht, dass du so mit mir redest.«

In der Schule

Ein anderes Kind sagt:	Ihr Kind sagt besser nicht:	Ihr Kind könnte sagen:
»Hey, du bist auf meinen Ranzen getreten, was soll das denn?«	»Stell dich doch nicht so an!«	»Den habe ich nicht gesehen. Ist es schlimm?«
»Das war ja eine tolle Antwort vorhin in Geschichte! Du kommst dir wohl ganz schlau vor, was?«	»So doof wie du bin ich auf jeden Fall nicht.«	»Geschichte interessiert mich einfach sehr.«
»Du Arsch, was hast du denn den anderen über mich erzählt? Das stimmt doch gar nicht!«	»Du kannst wohl die Wahrheit nicht vertragen?«	»Entschuldige, ich wollte nicht hinter deinem Rücken reden. Kann ich es wieder gutmachen?«

Es lohnt sich, Kinder zu einem freundlicheren Umgang miteinander anzuleiten.

Wenn Sie aktives Zuhören, Ich-Sätze und Spiegeln zu Hause immer wieder gezielt und bewusst anwenden, werden Sie nicht nur weniger Konflikte erleben, sondern Sie geben auch für Ihre Kinder ein gutes Beispiel, die diese Techniken in ihrem Leben anwenden können.

Bedürfnisse erkennen

Man sollte versuchen, sich in den anderen hineinzuversetzen, statt das Gehörte aus der eigenen Erwartungshaltung heraus zu interpretieren.

Warum passiert es uns denn so häufig, dass wir die Kommunikation von anderen missverstehen? Warum hat die Mutter aus dem Beispiel auf Seite 108 sich unter Druck gesetzt gefühlt, als ihr Kind feststellte: »Es ist keine Milch mehr da?« Warum fühlt man sich so schnell angegriffen? Wir haben natürlich alle unsere schwachen Punkte und »Themen«, auf die wir gereizt reagieren. Wer mit seinem Aussehen unzufrieden ist und ständig darüber nachdenkt, bewertet eine Frage wie: »Wo hast du denn die Hose her?«, eher negativ als jemand, der stolz auf seine Kleidung ist. Wer sich überlastet und ausgenutzt vorkommt, versteht eine Bemerkung über die ausgegangene Milch als Aufforderung, für neue Milch zu sorgen. Kurz gesagt: Menschen hören meist das, was sie erwarten. Viel besser wäre es, wenn wir versuchen würden, uns in den oder die Sprecher hineinzuversetzen.

Die folgende Übung können Sie als Spiel mit Ihren Kindern machen. Lesen Sie die Beispielsätze vor und versuchen Sie dann getrennt, möglichst viele Interpretationen aufzuschreiben. Wer die meisten Deutungen gefunden hat, hat gewonnen.

Beispiel:

Das Kind sagt: »Katrin fährt mit ihrer Familie in ein Luxushotel nach Madagaskar.«

Was gemeint sein könnte:

1. Ich wünschte, wir würden auch nach Madagaskar fahren.
2. Warum bist du so arm, dass du nicht auch solche Ferien bezahlen kannst?
3. Unsere Ferien sind langweilig.
4. Katrins Familie sind reiche Schnösel, die immer angeben wollen.

5. Ich freue mich für Katrin, dass sie so tolle Ferien verbringen wird.
6. Es wird Zeit, sich über die Ferien Gedanken zu machen. Katrins Eltern haben schon gebucht.

Übungssätze (Finden Sie so viele verschiedene Interpretationen wie möglich):
1. Das Essen ist kalt!
2. Warst du beim Friseur?
3. Ich brauche zehn Euro.
4. Hast du die Hausaufgaben gemacht?
5. Es geht mir nicht gut.

Sinnvoll wäre es auch, beim nächsten Konflikt kurz innezuhalten, zu überlegen, welche Intention Sie der anderen Seite unterstellen und dies sofort durch Nachfragen zu klären.

Aggression abwenden

Verbale oder körperliche Angriffe können durch überraschende Reaktionen oft umgeleitet bzw. abgewendet werden.

Nicht hinter jeder Anrede steckt allerdings ein Bedürfnis, das Verständnis verdient. Wenn Ihr Kind von einem anderen Kind bedroht oder bedrängt wird, ist Verständnis fehl am Platz. Auf den höhnischen Befehl: »Hey, leih mir mal 'nen Euro, du hast ja genug davon!«, sollte man nicht besorgt fragen: »Wofür brauchst du denn das Geld?« In solchen Fällen eignet sich eher eine selbstbewusste Antwort, die de-eskaliert: »Wie kommst du denn darauf, dass ich genug Geld habe?«
Der Trick beim De-eskalieren ist, die Aggression ins Leere laufen zu lassen, sie wie mit einem Blitzableiter zu deflektieren. Statt zu »reagieren«, wird die Frage an den Sprecher zurückgegeben. Kinder können sich einige Standardantworten einprägen und sie benutzen, wann immer sie sich bedroht oder verunsichert fühlen. Die folgenden Vorschläge sind alle dazu angetan,

den Sprecher oder Angreifer erst einmal stutzig zu machen und zum Überlegen zu bringen. Es entsteht eine Pause, in der man sich dann getrost entfernen kann.

- Was meinst du damit?
- Meinst du mich?
- Wie kommst du darauf?
- Sehe ich so aus?
- Darüber muss ich erst nachdenken.
- Du bist schon der zweite, der mir das sagt. Vielleicht ist was dran.
- Findest du?
- Hm, können wir das morgen bereden? Ich muss ganz dringend weg.
- Ich weiß nicht, was du genau meinst.
- Wo kaufst du denn deine Schuhe? (Wenn Sprecher sich über die Schuhe mokiert haben.)
- Hm. Kann ich dich mal was ganz anderes fragen? Hast du mitbekommen, was wir aufhaben?

In der Schule

Auch und gerade in der Schule kann viel für Mobbing-Prävention getan werden, aber es ist natürlich sehr viel schwieriger für Sie, darauf Einfluss zu nehmen. Doch es ist wichtig, aktiv zu werden und über mögliche Maßnahmen nachzudenken.
Was können Sie tun, wenn Ihr Kind über eine schlechte Atmosphäre in der Klasse klagt? Im Kapitel »Auf Klassenebene aktiv werden« (siehe S. 82 ff.) haben Sie bereits eine Menge Vorschläge gelesen, wie Sie mit Lehrern und anderen Eltern etwas gegen Mobbing tun können. Viele der dort angegebenen Tipps eignen sich auch zur Mobbing-Prävention. Überlegen Sie sich aber möglichst auch gemeinsam mit anderen Eltern, was Sie zur Verbesserung der Klassenatmosphäre tun können.

Eltern haben Einfluss
Allgemein kann gesagt werden, dass Eltern größeren Einfluss auf die Atmosphäre in der Klasse haben, als sie denken. Wenn alle Eltern untereinander in gutem Kontakt sind, wirkt sich das auf das Verhalten der Kinder untereinander aus. Wenn die Lehrer das Gefühl haben, die Eltern verstehen ihre Probleme und unterstützen ihre Bemühungen, fühlen sie sich eher motiviert, was wiederum die Kinder motiviert.

Ohne Mitläufer wären viele Mobbing-Fälle gar nicht möglich. Unbeteiligt-Sein gibt es darum letztlich nicht.

Wenn alle Erwachsenen sich einig sind, dass Gewalt, respektloser Umgang und Mobbing nicht geduldet werden, und wenn die Erwachsenen diese Überzeugung auch durch Engagement und eigenes Verhalten umsetzen, wird dies von Kindern eher aufgegriffen.
Ein letzter Punkt, der bisher noch nicht genügend betont wurde: Es gibt beim Mobbing nicht nur Opfer und Täter, es gibt auch die Außenstehenden, ohne die das Mobbing nicht passieren würde! Mitläufertum und Wegschauen wirken sich fast ebenso negativ auf die Klassenatmosphäre aus wie die eigentliche Gewalt. Wo dagegen Einzelne den Mut haben, sich für die Gemobbten einzusetzen, herrscht eine ganz andere Stimmung.
Dabei bedeutet Hilfe für die Gemobbten nicht, sich zwischen die Schläger zu werfen. Dann gäbe es nur noch mehr Verletzte. Also was tun? Wenn zum Beispiel zwei Schüler einen Dritten bedrängen, können Außenstehende entweder still und schnell eine Aufsichtsperson holen, sie können aber auch dem bedrängten Kind zurufen: »He, Anna, komm zu uns!« Fast alle Kinder wissen aus eigener Erfahrung, wie schrecklich es ist, wenn man allein steht und das Gefühl hat, dass niemand hilft.

Erinnern Sie Ihre Kinder an dieses Gefühl und ermutigen Sie sie, das nächste Mal die Hand auszustrecken!
Hier sind weitere Vorschläge, was Kinder tun können, um nicht zu Mitläufern zu werden:

- Nicht nur mit den eigenen Freunden spielen und reden, sondern sich auch mal an die »anderen« wenden.
- Außenseiter ins Team wählen.
- Einen Platz oder Hilfe anbieten, wenn jemand allein steht.
- Durch Gesten ermutigen: Lächeln, die Hand geben, auf die Schulter klopfen.
- Mit den Opfern reden: »Ich finde das nicht gut, was die machen. Wenn du willst, geh ich mit dir zur Lehrerin. Ich habe den Vorfall gesehen und bin bereit, alles zu bestätigen.«
- In der Pause: Zufluchtsmöglichkeiten anbieten, begleiten, ältere Geschwister um Hilfe bitten.
- Sich weigern, sich an Gerüchten und Lästereien zu beteiligen.
- Für gemeinsame Aktivitäten eintreten, in denen der Spaß zählt und nicht das Gewinnen.
- Für die eigene Meinung eintreten: Ausdrücken, dass man Mobbing nicht gut findet und nicht mitmachen will.
- Vorsicht: Nicht die Täter angreifen, sondern nur die Tat! Also statt: »Du bist doch widerlich!«, sagen: »Hauen ist widerlich!«
- Sich direkt an die Mobber wenden: »Lasst das! In unserer Klasse wird niemand ausgelacht!«
- Sich an Erwachsene wenden (Lehrer, Eltern, Vertrauenslehrer, Schulpsychologen, Mobbing-Telefone).
- Andere Kinder ansprechen, die passiv dabei stehen: »Sag mal, wie findest du das? Wollen wir nicht was machen, um Julian zu helfen?«

Die Rechtslage

Natürlich sollte Mobbing möglichst mit pädagogischen Mitteln beendet werden. Doch manchmal lässt sich beim besten Willen und trotz der Hinzuziehung verschiedener Instanzen das Mobbing nicht beenden oder es gab bereits Vorfälle, die ein Kind stark gefährdet haben oder einen eindeutig kriminellen Tatbestand dargestellt haben. Dann darf man sich auf keinen Fall scheuen, auch rechtliche Schritte einzuleiten.

Das Strafgesetz

Mobbing kommt im Strafgesetzbuch nicht vor, allerdings gibt es Gesetze, die zum Schutz bei Mobbing greifen.

Mobbing kommt im Strafgesetzbuch nicht vor. Wer sich rechtlich gegen Mobbing wehren will, muss entweder wegen Verletzung seiner im Grundgesetz verankerten Grundrechte auf Unterlassung, Schadensersatz und Schmerzensgeld klagen oder die Verletzung anderer Rechtsgüter, wie Ehre, körperliche Unversehrtheit und Leben, Eigentum usw. nachweisen. Liegen darüber hinaus Straftaten, wie Beleidigung, Körperverletzung, Drohung, Nötigung, Erpressung usw., vor, kann das Opfer die Staatsanwaltschaft durch eine Strafanzeige veranlassen, ein Ermittlungsverfahren einzuleiten. Je nach Fakten- und Beweislage erfolgt dann eine Anklage und unter Umständen eine strafrechtliche Verurteilung des Täters/der Täterin. Dies zu erreichen ist schon bei erwachsenen Tätern schwierig. Bei Kindern und Jugendlichen kommt hinzu, dass sie juristisch gesehen nicht bzw. nicht voll schuldfähig sind.

Auf der anderen Seite werden immer häufiger Menschen wegen Mobbing verurteilt. Wenn es auch kein Mobbing-Schutzgesetz gibt, so gibt es doch in den allgemeinen Gesetzen Regelungen, die zum Schutz bei Mobbing greifen. Generell wäre es allerdings wünschenswerter, Mobbing unter Kindern mit pädagogischen Mitteln in den Griff zu bekommen. Nichtsdestotrotz: In einigen Fällen sollte, wie wir gesehen haben, die Polizei hinzugezogen werden, und jugendliche Straftäter sollten auch juristisch zur Verantwortung gezogen werden dürfen. Nicht zuletzt haben Opfer das Recht, für erlittenen Schaden entschädigt zu werden.

Artikel 1 unseres Grundgesetzes sollte jedes Kind kennen:

> Die Würde des Menschen ist unantastbar. Sie zu achten und zu schützen ist Verpflichtung aller staatlichen Gewalt.

Das sagt sich schnell dahin, aber unterhalten Sie sich mit Ihrem Kind einmal darüber, was dies wirklich bedeutet: Jeder Mensch hat das Recht, respektvoll behandelt zu werden. Die »Würde« des Menschen ist etwas, was man nicht sehen kann, und doch gehört sie zu einem wie der eigene Körper. Ein Angriff auf die Würde ist genauso schlimm wie ein Angriff auf den Körper eines Menschen!

Schuldfähigkeit

Jugendliche über 14 Jahre sind vor dem Gesetz für ihr Handeln verantwortlich.

Strafrechtlich gesehen sind Jugendliche ab Erreichen des 14. Lebensjahres für ihre Taten verantwortlich. Wer unter 14 Jahre ist, ist »schuldunfähig« (§ 19 Strafgesetzbuch). Mit anderen Worten: Kinder bis zur Vollendung ihres 13. Lebensjahres können juristisch nicht belangt werden. Das bedeutet aber nicht, dass man nicht die Polizei einschalten sollte, wenn Kinder sich etwas zuschulden kommen lassen. Die Polizei führt Statistiken über alle Arten von Vergehen und tauscht sich mit anderen Behörden aus, darunter auch den Jugendämtern. Statistiken über Jugendkriminalität sind wichtig, wenn Entscheidungen getroffen werden, zum Beispiel darüber, wo und wann Gelder freigegeben werden für Jugendarbeit und präventive Aktionen und zum Schutz von potenziellen Opfern. Zum anderen macht es keinen Sinn zu warten, bis ein Kind 14 Jahre alt ist, ehe man versucht, einzugreifen und zu helfen, das Kind wieder auf die richtige Bahn zu bringen.
Ein Jugendlicher ab dem 14. bis zur Vollendung seines 17. Lebensjahres ist strafmündig, wenn er bzw. sie »zur Zeit der Tat nach seiner sittlichen und geistigen Entwicklung reif genug ist, das Unrecht der Tat einzusehen und nach dieser Einsicht zu handeln« (§ 3 Jugendgerichtsgesetz).
Wenn ein Jugendlicher eine Straftat begeht, stehen dem Jugendrichter folgende mögliche Strafen zur Verfügung:

- Erziehungsmaßregeln (sich an bestimmten Orten aufhalten, einen sozialen Trainingskurs absolvieren, eine Arbeitsstelle annehmen usw.),
- Zuchtmittel (eine Verwarnung, die Erteilung von Auflagen, wie Wiedergutmachung oder eine Geldspende, die Entschuldigung beim Opfer),
- Jugendarrest (ein Wochenende, mehrere Tage bis hin zu vier Wochen),
- Jugendstrafe (Freiheitsentzug in einer Jugendstrafanstalt bis zu zehn Jahren in Extremfällen).

Heranwachsende zwischen dem Beginn des 18. bis zur Vollendung des 20. Lebensjahres sind strafmündig, werden jedoch nur dann wie Erwachsene bestraft, wenn sie »ausgereift« und mit »krimineller Energie« gehandelt haben.
Die Absicht, die hinter dieser Regelung steckt, ist die, dass man nicht strafen, sondern erziehen will. Wenn möglich, sollen Jugendliche »umgelenkt« werden (der juristische Begriff ist »Diversion«), damit sie in Zukunft keine weiteren Straftaten begehen.

Straftaten

Mobbing kann eine Straftat sein und strafrechtlich verfolgt werden.

Wer andere Menschen beleidigt oder verleumdet, macht sich strafbar. Das Strafgesetzbuch legt auch gleich die Strafen dafür fest, die natürlich bei Jugendlichen sehr viel milder ausfallen würden. Dennoch sollten sich Schüler einmal darüber klar werden, dass es kein Scherz ist, wenn man andere Menschen schlecht macht und ihren Ruf schädigt.
(Die akutelle Gültigkeit der jeweiligen Gesetze sollten Sie selbst überprüfen in der jeweiligen Gesetzesausgabe oder im Internet unter:
http://bundesrecht.juris.de/bundesrecht/stgb/.)

Strafgesetzbuch

§ 185 Beleidigung

Die Beleidigung wird mit Freiheitsstrafe bis zu einem Jahr oder mit Geldstrafe und, wenn die Beleidigung mittels einer Tätlichkeit begangen wird, mit Freiheitsstrafe bis zu zwei Jahren oder mit Geldstrafe bestraft.

Ebenso werden »Üble Nachrede« (§ 186) und Verleumdung, also die Verbreitung von unwahren Tatsachen (§ 187) mit Freiheitsstrafen geahndet.

Auch bei gewalttätigen Übergriffen ist die Rechtslage klar:

§ 223 Körperverletzung

(1) Wer eine andere Person körperlich misshandelt oder an der Gesundheit schädigt, wird mit Freiheitsstrafe bis zu fünf Jahren oder mit Geldstrafe bestraft.

(2) Der Versuch ist strafbar.

Bei der »Gefährlichen Körperverletzung« (§ 224), bei der Waffen, Hinterlist oder weitere Täter im Spiel sind, ist eine Freiheitsstrafe bis zu zehn Jahren möglich.

Nötigung (wenn man jemanden zwingt, etwas zu tun, was er oder sie eigentlich nicht tun will) und Bedrohung (»Ich stech dich ab!«) sind ebenfalls Straftaten, die mit Freiheitsstrafe geahndet werden können (§ 240 und § 241 Strafgesetzbuch). Im Übrigen können die Opfer von oben genannten Straftaten die Täter auch auf Schmerzensgeld und Schadensersatz verklagen.

Schulgesetze

Die verschiedenen Bundesländer haben jeweils eigene Schulgesetze, die jedoch alle die Aufgabe und Verantwortlichkeit der Schule als Instanz recht ähnlich definieren. Als Beispiel genügt hier ein Auszug aus dem Thüringer Schulgesetz § 2 (1):

Der Bildungs- und Erziehungsauftrag der Schule in Thüringen leitet sich ab von den grundlegenden Werten, wie sie im Grundgesetz für die Bundesrepublik Deutschland und in der Verfassung des Freistaats Thüringen niedergelegt sind. Die Schule erzieht zur Achtung vor dem menschlichen Leben, zur Verantwortung für die Gemeinschaft und zu einem verantwortlichen Umgang mit der Umwelt und der Natur ... Die Schüler lernen, ihre Beziehungen zu anderen Menschen nach den Grundsätzen der Gerechtigkeit, der Solidarität und der Toleranz sowie der Gleichberechtigung der Geschlechter zu gestalten. Dabei werden die Schüler darauf vorbereitet, Aufgaben in Familie, Gesellschaft und Staat zu übernehmen, und dazu angehalten, sich im Geiste des Humanismus und der christlichen Nächstenliebe für die Mitmenschen einzusetzen.

Sanktionen und Ordnungsmaßnahmen

Die meisten Schulgesetze sehen Ordnungsmaßnahmen vor, die Schülern auferlegt werden können, wenn sie gegen die Regeln und Gesetze verstoßen.
Solche Erziehungs- und Ordnungsmaßnahmen können beispielsweise (je nach Schulgesetz des jeweiligen Bundeslandes) sein:

- Verweis oder Tadel durch den Klassenlehrer,
- Eintragung ins Klassenbuch,
- Ausschluss von Klassen- und Schulveranstaltungen,
- vorübergehende Einziehung von Gegenständen,
- Ausschluss von freiwilligen Unterrichtsveranstaltungen,
- Versetzung in eine Parallelklasse,
- Ausschluss vom Unterricht für mehrere Tage oder auch mehrere Wochen,
- Versetzung an eine andere Schule,
- Entlassung aus der Schule, wenn die Schulpflicht erfüllt ist.

Jede Schule kann durch bestimmte Maßnahmen einzelne Schüler bei Regelverstößen disziplinieren.

Ausblick

So schrecklich es für ein Kind ist, gemobbt zu werden, so kann eine solche Erfahrung doch auch positive Wirkung zeigen. Dies ist der Fall, wenn Kinder zum einen merken, dass ihre Eltern hinter ihnen stehen und sie beschützen, wenn sie außerdem erleben, dass sie nicht ausgeliefert und hilflos sind, sondern dass Probleme mit Hilfe anderer Menschen gelöst werden können, oder wenn sie am Ende stolz darauf zurückblicken können, dass ihr Mut, sich den Mobbern entgegenzustellen, tatsächlich zum Erfolg geführt hat. Ich hoffe, dass Ihr Kind solch positive Erfahrungen machen kann.

Internet-Adressen

Deutschland

Information und Diskussionsforum zum Thema:
http://mobbingzirkel.emp.paed.uni-muenchen.de

Zahlreiche Infos und abrufbare Broschüren zum Thema:
http://www.senbjs.berlin.de/schule/gewaltpraevention/gewalt.asp

Hilfe für Schüler: http://www.schueler-mobbing.de

Täter-Opfer-Ausgleich und Opferschutzorganisationen:
http://www.toa-servicebuero.de
http://www.weisser-ring.de/bundesgeschaeftsstelle/index.php
http://www.deutsche-opferhilfe.de

Polizeiberatung, Opferhilfe, Kinderbücher, Seiten für Kinder:
http://www.polizei-beratung.de

Mediation, Streitschlichtung, Anti-Gewalt-Programme:
http://www.bmev.de
http://www.lisum.de (Stichwort: Gewaltprävention)
http://www.konfliktlotsen.de
http://www.faustlos.de

Selbstbehauptungskurse für Kinder: http://www.dolife.de

Deutscher Kinderschutzbund e.V.:
http://www.kinderschutzbund.de

Kostenlos abrufbare Elternbriefe (auch auf türkisch):
http://www.arbeitskreis-neue-erziehung.de

Österreich

Elternverband: http://www.bundeselternverband.at/umfeld/konflikt_klaerung.php

Beratung- und Ombudsstelle für Kinder, Jugendliche und Erwachsene: http://www.kija-ooe.at

Opferhilfe:
http://www.weisser-ring.at
http://www.help.gv.at (Adressen und Anlaufstellen)

Mediation:
http://www.mediation.at

Schweiz

http://www.mobbing-info.ch/html/bildung.html

Dachverband Schweizer Lehrer:
http://www.lch.ch. (Suchbegriff: Mobbing)

Opferhilfe:
http://www.weisser-ring.ch

Mediation:
http://www.infomediation.ch

Literaturhinweise:

Cierpka, Manfred: Faustlos – Wie Kinder Konflikte gewaltfrei lösen lernen. Herder, 2005

Eckardt, Jo: Kinder und Trauma. Was Kinder brauchen, die einen Unfall, einen Todesfall, eine Katastrophe, Trennung, Missbrauch oder Mobbing erlebt haben. Vandenhoeck & Ruprecht, 2005

Max-Schoppenhorst, Thomas: Rempler, Mobber, Steinewerfer. Gewalt an Schulen und Möglichkeiten der Überwindung. Neukirchen, 2008.

Holm, Annika: Wehr dich, Mathilda. dtv, 2001

Irina gehört dazu. Ein 32-seitiges Arbeitsbuch für Kinder. Zu beziehen über http://www.polizei-beratung.de

Kasper, Horst: Schülermobbing. 30 Smob-Fragebogen. AOL, 2001

Olweus, Dan: Gewalt in der Schule. Was Lehrer und Eltern wissen sollten – und tun können. Huber, 2002

Rosenberg, Marshall B.: Gewaltfreie Kommunikation. Junfermann, 2004

Senatsverwaltung für Bildung, Jugend und Sport, Berlin: Gewalt tolerieren fördert Gewalt. 2003

Taglieber, Walter: Berliner Anti-Mobbing-Fibel. Was tun wenn. Eine Handreichung für eilige Lehrkräfte. Berliner Landesinstitut für Schule und Medien (LISUM), 2005

Weidner, Jens: Gewalt im Griff. Neue Formen des Anti-Aggressivitäts-Trainings. Juventa, 2004.

Zimmer, Renate: Bewegung und Entspannung. Anregungen für die praktische Arbeit mit Kindern. Herder, 2002

Zöller, Elisabeth: Und wenn ich zurückhaue? Carlsen, 2004